Die Monopolbetriebe auf dem Gebiet der Spiritusindustrie

Eine Studie über die Organisation und die Ergebnisse der Staatsmonopole und der monopolisierten Betriebe

Von

Sven Rögind

cand. polit., Lektor der Nationalökonomie an der Technischen Hochschule in Kopenhagen

Berlin und Leipzig 1932

Walter de Gruyter & Co.

vormals G. J. Göschen'sche Verlagshandlung — J. Guttentag, Verlagsbuchhandlung
Georg Reimer — Karl J. Trübner — Veit & Comp.

Archiv-Nr. 24 14 32.

Inhaltsverzeichnis.

Seite

Vorwort

I. Spiritusbesteuerung und Spiritusmonopole . 1

1. Die Herstellung von alkoholischen Getränken 1
2. Alkoholsteuer und Monopolbildung 3
3. Die Entstehung der Monopole und ihr Ziel 4
4. Die wichtigsten Monopolformen 7
5. Die Entwicklung der Spiritusindustrie 10
6. Betriebsresultate der Monopole und der privaten Zusammenschlüsse 11

II. Das deutsche Spiritusmonopol 13

1. Produktions- und Absatzverhältnisse 13
2. Steuer und Preispolitik 14
3. Die „Spiritus-Zentrale“ wird errichtet 15
4. Hauptpunkte des Kartellvertrags 16
5. Die Tätigkeit der „Spiritus-Zentrale“ 18
6. Gründung des Reichsbranntweinmonopols 22
7. Betriebsergebnisse des Monopols 25

III. Das schwedische Alkoholmonopol 38

1. Die Vorgeschichte des Monopols 38
2. Die Entstehung des Monopols 41
3. Die Organisation des Monopols 43
4. Verstärkter Einfluß des Staats auf das Monopol 44
5. Erneuerung der Monopolkonzession 47
6. Die Preispolitik und der Verdienst des Monopols 49
7. Die Tätigkeit des Monopols 53

IV. Andere Alkoholmonopole 57

1. Allgemeine Übersicht 57
2. Staatsbetrieb des Ausschanks und Verkaufs starker Getränke in Carlisle 59
3. Das polnische Spiritusmonopol 63
4. Das Spiritusmonopol in Litauen 69
5. Statistische Angaben über das estnische Spiritusmonopol . . 71

V. Schlußbemerkungen 72

Anhang 82

Die neue finnische Alkoholordnung 82

Vorwort.

In den letzten Jahrzehnten sind auf dem Gebiete der Spirituserzeugung und des Spiritushandels eine Reihe Monopolbildungen ins Leben gerufen worden. In welchem Maße diese Monopole mit dem Kampf für oder wider den Genuß alkoholischer Getränke in Zusammenhang stehen, der gleichzeitig in einer großen Anzahl von Ländern geführt worden ist, läßt sich schwer entscheiden. In den meisten Fällen sind es zweifellos finanzielle Erwägungen gewesen, die die Staaten zu einer Monopolisierung der Erzeugung und des Verkaufs von Spiritus veranlaßt haben, aber soziale Beweggründe sind hierbei doch nicht ohne Einfluß gewesen, und allein dadurch nehmen die Spiritusmonopole unter den Staatsmonopolen eine Sonderstellung ein.

Es ist einleuchtend, daß die Produzenten und Verkäufer alkoholischer Getränke in allen Erdteilen sich stark bedroht fühlten, als sie das eine Monopol nach dem anderen auftauchen sahen. Wenn auch die Bestrebungen der Anhänger der Enthaltsamkeitsbewegung, Landesprohibitionen einzuführen, nicht besonders erfolgreich gewesen sind, so hat der Prohibitionsgedanke als solcher doch auf die Gesetzgebung in vielen Ländern einen gewissen Einfluß ausgeübt. Dies gilt sowohl den Gesetzen, die vom Ausschank und Verkauf alkoholischer Getränke handeln, als auch denjenigen Gesetzen, die sich mit der Besteuerung dieser Getränke befassen.

Unter diesen Umständen hat die Internationale Liga gegen die Prohibition, die *Ligue Internationale des Adversaires de la Prohibition*, in einer Reihe von Jahren auch der Monopolfrage großes Interesse gezeigt. Diese Frage ist in Vorträgen auf den internationalen Kongressen der Liga behandelt worden, und im Jahre 1930 wurde (auf dem Kongreß in Budapest) beschlossen, näher zu untersuchen, welche Resultate die wichtigsten Monopolbildungen auf dem in Rede stehenden Gebiete in volkswirtschaftlicher, finanzieller und sozialer Beziehung aufzuweisen hatten. Im Hinblick hierauf wurde ein

Komitee gebildet, das mich aufforderte, einen Beitrag zur Beleuchtung dieser Frage zu geben. Auf diese Weise kam das vorliegende kleine Werk zustande.

Im Einverständnis mit dem Komitee machte ich zwei der größeren Alkoholmonopole zum Gegenstand einer näheren Behandlung, nämlich das deutsche und das schwedische. Bei diesen Monopolen habe ich die geschichtliche Entwicklung geschildert, die zu ihrer Gründung führte, und darauf an Hand öffentlicher statistischer Angaben und Betriebsberichte dargelegt, wie sich die Tätigkeit der beiden Monopole geformt hat. Im Anschluß daran habe ich etwas mehr summarisch andere Monopolgebilde besprochen. Auf dieser Grundlage bin ich dann an die Frage herangetreten, inwieweit eine Monopolordnung der freien Erwerbsausübung gegenüber Vorteile bietet oder umgekehrt hinter dieser zurücksteht, und ferner inwieweit Staatsmonopole privaten Zusammenschlüssen als ebenbürtig anzusehen sind. Angesichts der Verschiedenheit der Verhältnisse in den einzelnen Ländern und in der Vergangenheit und Gegenwart ist es indessen nur möglich, hinsichtlich dieser Fragen zu einer Mutmaßung zu gelangen. Ich hoffe jedoch, daß es mir auf jeden Fall geglückt ist, gewisse Beiträge zur Klarlegung der bedeutungsvollen Frage zu geben, mit der sich das Komitee beschäftigt, und daß meine kleine Abhandlung so den Wünschen des Komitees entspricht. Ich bin in erster Linie dem dänischen Fællesudvalget af 1. Marts 1917 (Fédération d'Industriels et de Commerçants, danois contre la Prohibition de l'Alcool) Dank schuldig, weil dieser Ausschuß, der in vorliegender Angelegenheit mit dem von der Liga gebildeten Komitee in enger Fühlung gestanden hat, dazu mitgewirkt hat, daß diese Arbeit in einer der Hauptsprachen auf dem Büchermarkt erscheinen konnte. Ferner danke ich den führenden Männern der Monopole für ihren unermüdlich geleisteten Beistand, und meinen ganz besonderen Dank richte ich an Herrn Geheimrat Dr. Fritzweiler im Reichsbranntweinmonopolamt in Berlin und an Herrn Dr. M. Marcus, Kommittierten in der A/B Vin- & Spritcentralen, Stockholm.

Kopenhagen, September 1932.

Sven Rögind.

I. Spiritusbesteuerung und Spiritusmonopole.

1. Die Herstellung von alkoholischen Getränken.

Bis vor etwa zwanzig Jahren durften gewiß überall, wo ein Alkoholmonopol nicht bestand, alkoholische Getränke ungehindert von jedem hergestellt werden, der nach den allgemeinen gesetzlichen Bestimmungen ein bürgerliches Gewerbe als Handwerker, Fabrikant oder Händler betreiben konnte. Soweit der Verbrauch dieser Getränke der heimischen Besteuerung unterlag, verlangte zwar der Staat aus Kontrollgründen, daß der Betrieb den geltenden Vorschriften entsprechend eingerichtet wurde und nicht früher in Tätigkeit trat, als bis die Steuerbehörde Räumlichkeiten, Maschinen und Betriebsplan gebilligt hatte, aber sonst galten für diesen Wirtschaftszweig dieselben Bestimmungen wie für andere Produktionsgebiete. Die Gesetzgebung über die Herstellung alkoholischer Getränke umfaßte also einerseits die allgemeinen Bestimmungen der Gewerbeordnung über handwerksmäßige oder industrielle Herstellung von Waren, andererseits die besondere Steuergesetzgebung für diese Getränke.

Trotzdem nahm die Produktion alkoholischer Getränke in der Regel eine Ausnahmestellung im Wirtschaftsleben ein, weil die Gesetzgebung dem Ausschank und Verkauf dieser Getränke nicht die gleichen Bedingungen zubilligte wie anderen Gewerben. Schon aus rein polizeilichen Gründen mußte der Staat sich eine besondere Kontrolle der Gaststätten, Hotels und ähnlicher Unternehmen sowie unter Umständen auch der Händler vorbehalten, und die Maßnahmen, die der Staat traf, um die öffentliche Ruhe und Ordnung zu wahren und den Alkoholmißbrauch zu verhindern, berührten indirekt auch die Produktion.

In den meisten Ländern hat sich der Unterschied zwischen der allgemeinen Gewerbegesetzgebung einerseits und der besonderen Gesetzgebung über den Verkehr mit alkoholischen Getränken andererseits im Laufe der Zeit verschärft. Unter dem Eindruck der Arbeit der Enthaltsamkeitsbewegung, den

Konsum dieser Getränke einzuschränken und sie womöglich ganz aus dem Volksleben auszuschalten, haben die Gesetzgeber sich durchgehends veranlaßt gesehen, den Zugang zum Schankgewerbe zu begrenzen. Anfangs richtete sich die Agitation der Enthaltsamkeitsbewegung hauptsächlich gegen den Ausschank, aber als das Totalverbot zum Leitstern der Bewegung geworden war, wurde auch der Handel mit alkoholischen Getränken in den Kampf hineingezogen. In einer Reihe von Ländern fühlte sich die Gesetzgebung somit berufen, dem Handel gegenüber dieselbe Politik zu führen wie gegenüber dem Ausschank.

Wo der Alkoholkonsum aus diesen Gründen zurückgegangen bzw. in der Entwicklung gehemmt ist oder aufgehört hat, zeigt die Produktion alkoholischer Getränke folglich die gleiche Abwärtsbewegung. Dem Staat liegt jedoch die Verpflichtung ob, bei direktem oder indirektem Eingriff in den Umsatz und die Produktion alkoholischer Getränke die wirtschaftlichen Auswirkungen der gesetzlichen Bestimmungen nicht außer acht zu lassen. Er muß verhindern, daß gewisse Klassen der Produzenten und Händler einseitig von diesen Bestimmungen betroffen werden und daß diese auf einigen schwerer lasten als auf anderen. Die Forderung des Staats, daß aus Kontrollgründen die Betriebe auf näher bezeichnete Art einzurichten sind, hat jedoch meist zur Folge, daß die größeren und moderner eingerichteten Betriebe begünstigt werden, und da außerdem die Steuergesetze auf den Umfang und die Zusammensetzung des Verbrauchs einwirken und bisweilen sogar Betriebsreformen an den Produktionsstätten anregen oder verhindern, arbeiten die in Rede stehenden Gewerbe tatsächlich unter anderen Bedingungen als die unkontrollierten und unbesteuerten Gewerbe, deren Entwicklung der freien Konkurrenz unterliegt. In diesen Verhältnissen liegt der Keim zu Monopolbildungen auf dem Gebiete der Alkoholproduktion und des Alkoholhandels. Je mehr sich verbotsfreundliche Gesichtspunkte in den Richtlinien der Gesetzgebung bemerkbar machen, desto größer sind die Aussichten, daß Monopole entstehen. Wo die Gesetzgebung über den Ausschank und Verkauf alkoholischer Getränke im Zeichen verbotsfreundlicher Tendenzen steht, wird die Enthaltsamkeitsbewegung, wie das z. B. in den Vereinigten Staaten und in mehreren der nordischen Länder der Fall war, wahrscheinlich behaupten, daß die Freiheit der Produktion unvereinbar mit den Prinzipien ist, die in der Gesetzgebung über den Verkehr mit alkoholischen Getränken zum Ausdruck kommen. Wenn diese Auffassung allgemeine Anerkennung findet, wird die Regierung bestimmen, daß neue Anlagen für die Fabrikation alkoholischer Getränke nur mit besonderer Erlaubnis in Betrieb genommen werden dürfen. Aber da eine solche Regelung vielerlei Schwierigkeiten mit sich bringt, wird sich möglicherweise die Regierung dazu entschließen, die gesamte Produktion entweder einer konzessionierten Gesellschaft zu übertragen, die das Alleinrecht der Produktion erhält, oder einem Staatsmonopol.

2. Alkoholsteuer und Monopolbildung.

Der Alkoholkonsum ist schon seit langem als Steuerobjekt ausgenutzt worden, und schon frühzeitig hat sich deshalb der Staat für die Produktion und den Umsatz alkoholischer Getränke interessiert. Die Alkoholsteuer ist immer besonders einträglich gewesen. In neuerer Zeit sind die Steuersätze fast überall sowohl absolut wie auch im Verhältnis zum Warenwert bedeutend gestiegen. Dasselbe läßt sich allerdings auch von den den Alkoholsteuern verwandten Abgaben auf Tabakwaren, Schokolade und andere Genußmittel sagen, aber während diese in der Regel allein nach finanzpolitischen Gesichtspunkten bemessen werden, wird die Alkoholsteuer häufig als ein Mittel betrachtet, den Verbrauch einzuschränken, um dadurch die Nüchternheit zu fördern. Bis zu einem gewissen Grade lassen sich die finanziellen und sozialen Zwecke vereinigen, aber wenn die Abgaben auf alkoholische Getränke dauernd erhöht werden, treten die finanziellen Rücksichten schließlich in den Hintergrund, und die sich mit der Herstellung dieser Getränke befassenden Unternehmen kommen dann in eine schwierige Lage. Unter dem hohen Steuerdruck geht der Umsatz zurück, und die Folge ist, daß sich die Produktionskosten pro Wareneinheit erhöhen. Es genügt dann nicht, daß der Staat die einheimischen gegen die ausländischen Produzenten schützt. Erstere werden mit Recht geltend machen können, daß der Staat, wenn er sie durch seine eigene Steuerpolitik an der Ausnützung ihrer Betriebe hindert, auch dafür Sorge tragen muß, daß ihre Verkaufsmöglichkeiten nicht noch fernerhin durch die Konkurrenz neu entstehender Fabriken verschlechtert werden. Der Staat kann ihnen indessen kein Privilegium zur Herstellung der besteuerten Waren erteilen, ohne sich gleichzeitig das Recht zu sichern, ihre Preise und ihre wichtigeren ökonomischen Dispositionen zu kontrollieren. In Wirklichkeit ist hierdurch die Bildung eines Monopols erfolgt, das unter den gegebenen Voraussetzungen von den privaten Fabriksherren auf Grund eines Vertrages mit dem Staat über ihre Rechte und Pflichten verwaltet wird. Sollte der Staat es vorziehen, so können die privaten Unternehmen, deren Entwicklungsmöglichkeiten der Staat selber begrenzt hat, auch durch ein monopolisiertes Unternehmen übernommen werden, das vom Staat finanziert wird, aber nach kaufmännischen Grundsätzen arbeitet, oder auch durch ein Staatsmonopol. Die hohe Alkoholsteuer führt auf diese Weise zu einem Monopolsystem, dessen Charakter und Umfang jeweils von den Interessen abhängen, die dem Staat am meisten am Herzen liegen, sowie von den herrschenden Anschauungen über die Vorteile und Nachteile privaten oder staatlichen Betriebs.

3. Die Entstehung der Monopole und ihr Ziel.

Die dänische Monopolordnung für Spiritus ist im wesentlichen ein Ergebnis des geschilderten Entwicklungsganges, und in anderen Ländern haben Steuererhöhungen jedenfalls den Boden für Monopolbildungen vorbereitet. Ob recht viele der jetzt bestehenden Monopole zustande gekommen wären, wenn nicht der Weltkrieg den Regierungen außergewöhnliche Machtmittel in die Hände gegeben hätte, ist eine andere Frage. Verschiedene Monopolentwürfe sind im Laufe der Jahre resultatlos vorgelegt worden. Während einer Periode im letzten Viertel des vorigen Jahrhunderts war es geradezu eine Modesache, Spritmonopole zu schaffen, aber nur in der Schweiz und in Rußland waren die Monopolanhänger stark genug, ihren Willen durchzusetzen. In Deutschland hingegen konnte der große Bismarck'sche Monopolentwurf von 1886 nicht durchgeführt werden. Während des Weltkriegs mußte die Spiritusfabrikation es dem Ermessen des Staats überlassen, welche Mengen Rohstoffe ihr zur Verfügung gestellt würden und welche Verwendung der Produktion zugedacht war, und diese Kriegsgesetzgebung über Spiritusproduktion und Spiritushandel blieb in verschiedenen Ländern auch nach dem Kriege bestehen. Sowohl das deutsche Staatsmonopol als auch die österreichische Monopolordnung bedeuten eine Fortsetzung dieser Politik. Im Gegensatz hierzu sind die Spiritusmonopole in Polen und in den baltischen Ländern als eine Fortsetzung der normalen Zustände dieser Gebiete aufzufassen, insofern als sie eine Wiederbelebung des russischen Staatsmonopols darstellen, unter dem die Mehrzahl der Bewohner dieser Gebiete lange Zeit gelebt hatte. Auch das schwedische Einfuhr- und Großhandelsmonopol für Spiritus und Wein ist nicht aus den produktions- und preisregulierenden Bestimmungen der Kriegsjahre hervorgegangen, sondern wurde aus prinzipiellen Gründen geschaffen und fügte sich als Glied in eine durchgreifende Reform der Gesetzgebung über den Ausschank und Verkauf alkoholischer Getränke ein. Ähnliches gilt von dem entsprechenden norwegischen Monopol. Es ist ebenso wie das schwedische der Ausdruck des Wunsches der gesetzgebenden Körperschaften, den Umsatz alkoholischer Getränke ungehindert von privatökonomischen Interessen dieses Wirtschaftsgebiets regulieren zu können. Dagegen ist das englische lokale Alkoholmonopol im Carlisle-Distrikt nahe der schottischen Grenze in den Kriegsjahren aus rein praktischen Gründen entstanden.

Wo ein Alkoholverbot besteht, muß der Staat die Beschaffung und den Verkauf von Spiritus für technische, medizinische, wissenschaftliche u. ä. Zwecke (sowie von Wein und anderen alkoholischen Getränke für medizinische Zwecke) übernehmen. In Finnland hat während der Gültigkeit des Verbotsgesetzes ein reines Staatsmonopol hierfür gesorgt. Es zeigte sich hier, wie auch in anderen Ländern, daß ein Alkoholverbot (für alle oder einige alkoholische Getränke) über sein Dasein hinaus weiterwirkt, insofern nämlich, als es das private Wirtschaftsleben daran hindert, das verlorene Terrain zurückzuerobern, wenn das Verbot aufgehoben wird. Im Hinblick auf die Schwierigkeiten während der Übergangszeit wird der Staat Bedenken haben, nach der Verbotsperiode die Organisation des Verkaufs von alkoholischen Getränken Privatpersonen zu überlassen, und er wird deshalb, wie es soeben in Finnland geschah, die Verkaufstätigkeit selber übernehmen (ebenso wie jedenfalls formell auch die Produktion und den Import) oder solche öffentlichen Kommissionen für die Einfuhr und den Groß- und Kleinverkauf der freigegebenen Getränke einsetzen, wie sie in den canadischen Provinzen bestehen. In der Türkei folgte zwar auf eine kurze Verbotsperiode eine Ordnung privater, besteuerter Bewirtschaftung, aber schon nach ein paar Jahren wurde ein Spiritusmonopol geschaffen, das vorzugsweise die Einnahmen des Staats aus dem Spiritusverbrauch erhöhen soll, nebenbei aber auch volkswirtschaftliche und soziale Aufgaben hat. Das Schweizer Branntweinmonopol wurde zu dem Zweck geschaffen, die Produktions- und Umsatzverhältnisse zu sanieren, die sich infolge einer unzureichenden Gesetzgebung in ungesunder Richtung entwickelt hatten.

Einzelne der Monopolgesetze, die den oben erwähnten Alkoholmonopolen als Grundlage dienen, legen den Hauptwert auf die finanzielle Bedeutung des Monopols, während andere die soziale Seite am stärksten betonen. Keines der Monopole verfolgt ausschließlich finanzielle oder ausschließlich soziale Ziele. Selbst die Monopole in den früheren russischen Ländern (Polen, Litauen, Lettland und Estland), die dem Typ der fiskalischen Monopole am nächsten kommen, sind verpflichtet, jährlich einen gewissen Betrag für die Aufklärungsarbeit über die Gefahren des Alkoholmißbrauchs oder für ähnliche Zwecke zu entrichten. Da, wo ein Alkoholmonopol überwiegend aus sozialen Gründen geschaffen wurde, wie es von dem Schweizer, dem schwedischen und dem norwegischen Monpol behauptet werden kann, ist der Staat jedoch keineswegs am Betriebsresultat uninteressiert. Namentlich bei den schwierigen finanziellen Verhältnissen des Augenblicks sind die Überschüsse, die von den Monopolen an den Staat abgeführt werden, äußerst willkommen. In Schweden ist kürzlich die Steuer auf destillierte Getränke erhöht worden (ebenso wie die Biersteuer), um dadurch die außerordentlichen Ausgaben während der Wirtschaftskrise zu decken. Der schwedische Staat stieß hierbei auf keinen Widerstand von seiten der Enthaltsamkeitsbewegung, weil diese die Steuererhöhung jetzt als ein ausgezeichnetes Mittel ansieht, den Verbrauch einzuschränken und dadurch die Nüchternheit zu fördern. Die Steuererhöhungen dienen also sowohl finanziellen wie sozialen Zwecken. An alle Monopolgesetze knüpfen sich außerdem gewisse Vorstellungen der gesetzgebenden Körperschaften, daß der Staat durch Monopolisierung der betreffenden Wirtschaftsgebiete dazu beitragen kann, die Produktion zu vereinfachen und zu heben und dadurch die Verbraucher besser zu bedienen, als die privaten Betriebe, die nicht immer rationell arbeiten und oft an Über-Kapitalisierung zu leiden haben, es vermocht haben.

4. Die wichtigsten Monopolformen.

Im großen und ganzen hat die Spiritus- und Bierindustrie den gleichen Weg der Rationalisierung beschritten wie die übrige Industrie. Die Herstellung der alkoholischen Getränke erfolgt nun überwiegend in großen Betrieben, die in technischer Beziehung hoch dastehen. Dagegen ist die Produktion von Wein den Gesetzen unterworfen, die für die landwirtschaftliche Produktion gelten. Zahlreiche landwirtschaftliche Betriebe in allen Ländern Süd- und Mitteleuropas und viele Gegenden in anderen Erdteilen befassen sich mit Weinproduktion. Der Weinbau bewirkt auch, daß in vielen Landhaushalten der weinproduzierenden Länder Weinbrand (Kognak) erzeugt wird. Unter ähnlichen Formen befaßt sich die Landbevölkerung mehrerer mitteleuropäischer Länder in recht bedeutendem Ausmaße mit der Herstellung von Spiritus aus Obst, Beeren, Weintrebern u. ä. Diese mit sehr bescheidenen Hilfsmitteln betriebene Heimindustrie macht sich zwar nicht stark in der Produktionsstatistik geltend, ist aber dennoch imstande, sich einen Markt für ihre Marken (Qualitätsbranntweine wie Kirschwasser, Enzian, Zwetschenwasser) zu schaffen. Sie ist im übrigen ein Element der Unruhe in der Produktion, weil es schwierig ist, sie genau zu kontrollieren und sie einem festen Betriebsplan für die ganze Spiritusindustrie einzuordnen. Auch innerhalb der Bierindustrie arbeiten in den meisten Ländern neben den großindustriellen Unternehmen noch viele kleine und recht primitiv eingerichtete Brauereien, die nur einem lokalen Bedarf Rechnung tragen. Durchgehends ist die P r o d u k t i o n alkoholischer Getränke so ungleichartig und zersplittert, daß es praktisch sehr schwierig oder, wo es sich um ein weinproduzierendes Land handelt, sogar unmöglich wäre, sie zu monopolisieren. Abgesehen von Rußland, wo jegliche Produktion kollektiv betrieben wird oder betrieben werden soll, bestehen Fabrikationsmonopole auch nur in ganz vereinzelten Ländern und nur in Finnland außerhalb des Gebietes der Spirituserzeugung. Das neue Gesetz über den Verkauf alkoholischer Getränke gibt hier einer Aktiengesellschaft, die sich A l k o h o l s ä l l s k a p e t nennt und den Charakter einer öffentlichen Monopolgesellschaft hat, das Alleinrecht zur Herstellung und Einfuhr s ä m t l i c h e r alkoholischer Getränke sowie zum Handel mit diesen, ermöglicht der Gesellschaft aber auch, Lieferungsverträge mit privaten Firmen über die Erzeugung näher bezeichneter alkoholischer Getränke während eines festgelegten Zeitraums und auf Grund näher vereinbarter Bedingungen abzuschließen. In Übereinstimmung mit diesem Gesetz kann auf jeden Fall der Brauereibetrieb fortlaufend von privaten Unternehmen ausgeübt werden.

An und für sich könnte der Staat durch Monopolisierung des Handels mit alkoholischen Getränken auch dasselbe erreichen wie durch Monopolisierung der Produktion. Die Einführung eines Handelsmonopols erspart dem Staat die Investierung großer Kapitalien in Fabrikationsanlagen. Wenn die ganze Produktion an das Monopol abgeliefert werden muß und das Monopol alleinberechtigt zur Einfuhr monopolisierter Waren ist, so ist es das Monopol, das die Preise und Verkaufsbedingungen und dadurch den Umsatz und den Monopolgewinn festsetzt; hierbei kann sich dann der Staat entweder vorwiegend von finanziellen oder sozialen Rücksichten leiten lassen. Die meisten Monopolländer haben denn auch als den am leichtesten durchführbaren und zweckmäßigsten Monopoltyp das Zwischenhandelsmonopol gewählt. In mehreren Ländern hat das Monopol auch den Detailverkauf der monopolisierten Waren übernommen (z. B. in Finnland) oder sich auf jeden Fall das Recht hierzu vorbehalten (z. B. in Estland und Norwegen). Aber die Alkoholmonopole geben sich nur selten mit dem Ausschank ab, selbst wenn sie an und für sich diese Form des Detailverkaufs übernehmen könnten, ohne die privaten Gastwirtbetriebe abzuschaffen oder einzuschränken.

Inwieweit ein Alkoholmonopol als reines Zwischenhandelsmonopol oder als vollständiges Handelsmonopol zu organisieren ist und inwieweit es sich auf alle oder nur einige alkoholische Getränke erstrecken soll, ist in hohem Grade abhängig von den historischen Voraussetzungen der Monopolbildung.

Wenn der Staat den Verkauf dieser Getränke zu übernehmen beabsichtigt (in eigener Regie oder mit einer monopolisierten Gesellschaft als Verkaufsorgan), muß er sich darüber klar sein, daß der Handel mit alkoholischen Getränken von alters her ein Glied des allgemeinen Kaufmannshandels gewesen ist und daß die Verkaufsstätten deshalb außerordentlich zahlreich sind. Selbst wenn der Staat vielleicht ohne weiteres den Händlern das Recht entziehen kann, alkoholische Getränke zu verkaufen, weil ein Handelsgewerbeschein ja nicht das Recht gibt, eine bestimmte Anzahl von Warensorten zu verkaufen.

sondern nur die Erlaubnis zu einer näher bezeichneten Art von Handel gewährt, so kann der Staat aus politischen Gründen bei Monopolisierung des Handels mit alkoholischen Getränken dennoch kaum umhin, jedenfalls den Gewerbetreibenden, die hauptsächlich vom Verkauf dieser Getränke gelebt haben, eine Entschädigung zu gewähren. Hierzu kommen die bedeutenden Vorarbeiten, die durch Veränderung der Verkaufsorganisation bedingt sind. Der Übergang zum monopolisierten Betrieb gestaltet sich leichter, wenn die Zahl der Verkaufsberechtigten (und Ausschankberechtigten) infolge verbotsfreundlicher Gesetze oder Verordnungen in Abnahme begriffen ist (wie z. B. in Norwegen) oder wenn die Kleinhändler das Recht zum Verkauf gewisser alkoholischer Getränke (z. B. Branntwein und anderer destillierter Getränke) eingebüßt haben. Wenn der Staat frei dasteht wie in Finnland, sind die Schwierigkeiten der Monopolisierung auch des Detailhandels geringer, weil der Staat dann in der Lage ist, eine zentralisierte Verkaufsorganisation zu schaffen (die neue Monopolgesellschaft in Finnland).

Ohne das Monopol mit sehr hohen Verwaltungs- und Vertriebsunkosten zu belasten, wird der Staat im allgemeinen nicht über die Monopolisierung des Detailhandels mit Spiritus und Wein hinausgehen können. Bisweilen nehmen diese Getränke und namentlich das erstgenannte auch eine Sonderstellung in der Gesetzgebung über den Alkoholhandel und -ausschank ein, die strengere Bedingungen für die Verkaufserlaubnis für Spiritus (und gelegentlich auch für Wein) aufstellt als für den Verkauf von Bier. So verfolgte die älteste Enthaltsamkeitsbewegung hauptsächlich das Ziel, den Verbrauch von destillierten Getränken zu bekämpfen. Infolgedessen war die Gesetzgebung auch früh bemüht, diese Getränke durch Steuerzuschläge zu verteuern und den Verbreuchern den Einkauf zu erschweren. In Übereinstimmung mit dieser Politik richtete sich der erste Monopolgesetzentwurf somit auch ausschließlich gegen Spiritus, und vor dem Weltkrieg gab es, soweit bekannt, Alkoholmonopole nur in der Form von Spiritusmonopolen. In letzter Zeit scheint die Entwicklung ihren Weg dahin zu nehmen, die Regeln über den Verkehr mit alkoholischen Getränken wieder zu vereinfachen, derart, daß die alkoholischen Getränke als Einheit zusammengefaßt werden und der Verkauf von Bier und Wein dem Verkauf von Spiritus in der Hauptsache gleichgestellt wird.

5. Die Entwicklung der Spiritusindustrie.

Diese Tatsachen haben indessen eine besondere technische und wirtschaftliche Erklärung. In der letzten Hälfte des vorigen Jahrhunderts wiesen die meisten spirituserzeugenden Länder eine starke Zunahme ihrer Produktion auf. Im gleichen Maße wie die Herstellungsmethoden verbessert und die einzelnen Anlagen vergrößert wurden, trat eine Senkung der Produktionskosten ein, und zu gewissen Zeiten herrschte auf dem Markte Überfluß an Spiritus. Da die Gesetzgebung über alkoholische Getränke jedenfalls in vielen Ländern eher dem Umsatz von Spiritus für Trinkzwecke entgegenarbeitete, konnte die Spiritusindustrie ihren Umsatz auf diesem Gebiet nicht nennenswert erhöhen. Sie sah sich deshalb veranlaßt, den Verbrauch von Spiritus für andere Zwecke zu forcieren und wurde dadurch in eine Preispolitik hineingetrieben, die an sich unumgänglich dem monopolisierten Betrieb entgegenführte. Um eine größere Nachfrage nach Sprit zu technischen u. ä. Zwecken anzuregen, wurden die Preise für derartigen Sprit sehr niedrig gehalten und sogar oft so niedrig, daß die Produktionskosten nicht gedeckt wurden. Die Industrie mußte deshalb ihren Verdienst beim Verkauf von Spiritus zu Trinkzwecken suchen und dafür Sorge tragen, die Preise dieser Ware vor dem Einfluß der freien Konkurrenz zu schützen. Die Staatsgewalt konnte ihrerseits nichts dagegen haben, daß die Spiritusindustrie durch Erhöhung ihrer Preise für Spiritus zum Trinkgebrauch in derselben Richtung wirkte wie die Gesetzgebung über den Verkehr mit Spiritus (und die Spiritussteuer), und außerdem war es ein Vorteil für die anderen Industrien, daß Sprit zu technischen Zwecken billig verkauft wurde. Dort wo die Spiritusindustrie landwirtschaftliche Bedeutung hatte, eröffnete der Preisabbau auf Spiritus für technische Zwecke der Landwirtschaft die Aussicht, nicht nur ihren Absatz von landwirtschaftlichen Erzeugnissen an die Spritfabriken aufrechtzuerhalten, denen der Rückgang des Verbrauchs von Trinkspiritus drohte, sondern ihn sogar zu erhöhen.

Früher oder später mußte sich also die Spiritusindustrie zwecks Durchführung der erforderlichen Preisregulierung organisieren, und früher oder später mußte sie auch eine Zusammenarbeit mit dem Staat anstreben, weil die Preisregulierung auf den bestehenden Steuergesetzen basierte und geändert werden mußte, wenn letztere geändert wurden. So war es denn auch im Einvernehmen mit der Staatsgewalt, daß die Spiritusindustrie in mehreren der mitteleuropäischen Länder vor dem Kriege Verkaufskartelle oder Verkaufszentralen bildeten, die praktisch die gesamte Erzeugung der Spiritusindustrie übernahmen und die Verteilung nach den oben geschilderten Prinzipien vornahmen.

6. Betriebsresultate der Monopole und der privaten Zusammenschlüsse.

Wenn der Staat es für richtig hält, auf dem Gebiete der Spirituserzeugung ein Monopolsystem zu schaffen, um dadurch die Gewähr zu haben, daß die Produktion auf die nach seiner Meinung beste Weise geleitet wird, bieten sich ihm hierfür verschiedene Möglichkeiten. Er kann durch ein Gesetz über Spiritusfabrikation oder durch einen Vertrag mit der Spiritusindustrie ein Monopol besiegeln, das unter den oben beschriebenen Umständen aus sich selbst heraus entstanden ist. Der Staat kann auch, wenn die Spiritusindustrie einen vollständigen Zusammenschluß der Betriebe nicht zustandebringen konnte, die Bildung eines solchen Zusammenschlusses verlangen und dieser dann seiner Kontrolle unterwerfen. So folgten während des Krieges die beiden größten Unternehmen der Spiritusindustrie in Dänemark der Aufforderung der Regierung und kauften die übrigen dänischen Spritfabriken auf. Der Staat hatte damals ein Interesse daran, die Verwendung von Rohstoffen in der Spiritusindustrie so stark wie möglich zu begrenzen, und wünschte infolgedessen, daß sich diese Industrie auf einige wenige große Fabriken konzentrierte. Schließlich kann der Staat selber ein Monopol errichten, das entweder als reines Staatsmonopol organisiert wird, wie dies z. B. in Deutschland und während der Verbotszeit in Finnland geschehen ist, oder das unter näher festgesetzten Bedingungen einer Gesellschaft übertragen werden kann, deren Aktienmajorität der Staat übernimmt. Zu dieser letzteren Gruppe gehört das norwegische Spiritus- und Weinmonopol und das neue finnische Alkoholmonopol.

Bei prinzipiellen Erörterungen über die Monopolfrage werden die Staatsmonopole gewöhnlich einer schärferen Kritik ausgesetzt sein als die privaten Zusammenschlüsse und die monopolisierten Gesellschaften. Wo man die Verwaltung eines Spiritusmonopols einer privaten Monopolgesellschaft übertragen hat, ist dies in der Regel deshalb geschehen, um die mit privater Wirtschaft verbundenen Vorteile beizubehalten und diese Monopolgesellschaften stehen dann auch wahrscheinlich in technischer und organisatorischer Beziehung durchaus auf gleicher Höhe wie die großen unabhängigen Unternehmen und können als diesen ebenbürtig gelten. Die Frage ist dann, ob *ein Staatsmonopol* ebenso gute Betriebsresultate erzielt wie die privaten Zusammenschlüsse mit Monopolcharakter oder die öffentlichen Monopole in privatem Betrieb (Monopolgesellschaften). Es ist jedoch schwierig, einen Vergleich zwischen den Betriebsresultaten dieser drei Gruppen anzustellen, da diese Untersuchung in ein und demselben Lande angestellt werden müßte und es nur ganz ausnahmsweise geschehen ist, daß ein privater Zusammenschluß von einem Staatsmonopol abgelöst wurde. In Deutschland ist das Staatsmonopol aus einer privaten Monopolbildung hervorgegangen und an deren Stelle getreten. Hier ist also die Möglichkeit gegeben, die Organisationsverhältnisse und Betriebsresultate eines Staatsmonopols mit denen des privaten Vorgängers zu vergleichen und gewisse Anhaltspunkte für die Beurteilung zu gewinnen, ob ein Staatsmonopol einem privaten Monopol (oder privatem Betrieb in zusammengeschlossener Form) vorzuziehen ist oder nicht. Da wo die private Wirtschaft bei freier Konkurrenz einem Staatsmonopol Platz machen mußte, weichen die Verhältnisse entweder so stark von denen der erstgenannten Wirtschaftsform ab (z. B. in Finnland, wo das Staatsmonopol bei Annahme des Alkoholverbots errichtet wurde), oder die Zeit der privaten Wirtschaft liegt so weit hinter der des Monopols zurück, daß sich ein Vergleich der Betriebsresultate voraussichtlich gar nicht anstellen läßt und jedenfalls ohne Interesse wäre.

Es ist jedoch wohl nicht ausgeschlossen, dadurch zu einigen Schlußfolgerungen in Bezug auf die Vor- und Nachteile eines Staatsmonopols gegenüber denen einer privaten Monopolbildung oder einer Monopolgesellschaft zu gelangen, daß man z. B. das deutsche oder ein anderes Staatsmonopol mit einem privaten Zusammenschluß oder einer Monopolgesellschaft in einem anderen Lande vergleicht. In erster Linie ist es da zweifelsohne empfehlenswert, das schwedische Großhandels- und Einfuhrmonopol, das von einer privaten Gesellschaft mit staatlicher Konzession wahrgenommen wird, dem deutschen Staatsmonopol gegenüberzustellen, da diese beiden Monopole zu den größten und bestorganisierten Spiritusmonopolen gehören. Nachstehend ist zunächst die Entwicklung auf diesem Gebiet in Deutschland geschildert. Danach folgt eine Beschreibung der schwedischen Monopolordnung, deren Hauptergebnisse an Hand der entsprechenden deutschen beurteilt werden. Die Darstellung schließt mit einigen kurzgefaßten Äußerungen über die Hauptpunkte der in anderen Ländern geltenden Monopolordnungen.

II. Das deutsche Spiritusmonopol.

1. Produktions- und Absatzverhältnisse.

Während die deutsche Gesetzgebung über den Ausschank und Verkauf von Spirituosen (und anderen alkoholischen Getränken), verglichen mit der entsprechenden nordischen Gesetzgebung sehr liberal war, stieß die Entwicklung der deutschen Spiritusindustrie frühzeitig auf Hindernisse in Form von gesetzlichen Bestimmungen über den Schutz gewisser Klassen von Brennereien. Besonders für die ostdeutschen Landgebiete ist der Brennereibetrieb schon seit langer Zeit von großer Bedeutung für die Landwirtschaft gewesen, da der leichte Boden hier am besten für den Anbau von Kartoffeln geeignet ist und diese wiederum in den Brennereien nutzbringende Verwendung finden können. Dadurch, daß die Brennereien die Landwirte mit Schlempe versorgen, ermöglichen sie diesen außerdem, größere Viehbestände zu halten und den Boden in eine bessere Beschaffenheit zu bringen als es sonst der Fall gewesen wäre. Mit Unruhe sahen die Landwirte nun große, fabriksmäßig betriebene Brennereien entstehen, und es gelang ihnen unter Hinweis auf die beginnenden Absatzschwierigkeiten für Spiritus, die mit dem internationalen Kampf um die Exportmärkte in Verbindung standen und dadurch verschärft wurden, daß der Inlandsverbrauch von Trinkspriritus stagnierte und im Verhältnis zur Einwohnerzahl entsprechend zurückging, die gesetzgebenden Körperschaften zu veranlassen, der Landwirtschaft zu Hilfe zu kommen. Als die Spiritussteuer 1887 neu geregelt wurde, um die Einnahmen des Reichs zu erhöhen und innerhalb des Reichsgebiets im wesentlichen einheitliche Steuersätze festzusetzen, erhielten die landwirtschaftlichen Brennereien eine Vorzugsstellung vor den „gewerblichen Brennereien“. Zur Begrenzung der Produktion wurde hierbei für jede Brennerei entsprechend ihrem derzeitigen Anteil am tatsächlichen Verbrauch von

Trinkspiritus (nach unten abgerundet auf 4.5 Liter auf den Kopf der Bevölkerung) ein jährliches Produktionskontingent ausgerechnet, das niedriger besteuert wurde als die darüber hinaus hergestellten Mengen. Nach Ablauf von drei Jahren sollte das Kontingent nachgeprüft werden, und die in der Zwischenzeit errichteten industriellen Brennereien konnten hierbei nicht in Betracht kommen. Sie mußten also die höhere Steuer bezahlen (in beiden Fällen handelte es sich um eine Fabrikationssteuer per Einheit Rohspiritus, die der alten Maischbottichsteuer hinzugelegt wurde), falls sie nicht die gesamte Produktion im Ausland absetzen oder in denaturiertem Zustand für technische oder ähnliche Zwecke verkaufen konnten, wodurch sie Steuerfreiheit erlangten.

2. Steuer und Preispolitik.

Wenn die Regelung von 1887 den Erwartungen der Landwirtschaft entsprechen sollte, durfte die Kontingentmenge nicht ebenso groß sein wie der Verbrauch von Trinkspiritus oder diesen übersteigen, da in diesem Fall die landwirtschaftlichen Brennereien nicht die „Liebesgabe“ erhielten, die ihnen vom Staat zugebilligt war (der Unterschied der Steuersätze machte ca. 20 Pf. per Liter reinen Alkohol aus). Schon hierin lag ein Hinweis für die Brennereien, sich zu organisieren, um dadurch die Sicherheit zu gewinnen, daß die alten Betriebe unter allen Verhältnissen einen höheren Preis für Trinkspiritus hielten als den durch den niedrigsten Steuersatz bedingten. Einige Jahre später unternahm der Staat neue Schritte mit dem Ziel, die Steuerlast der größeren Betriebe (und unter Umständen auch die der neuen) zu erhöhen und die Produzenten gleichzeitig anzuregen, sowohl die Ausfuhr von Spiritus als auch den Verkauf von Spiritus in denaturiertem Zustand für technische und ähnliche Zwecke zu fördern. Hierdurch machte er in Wirklichkeit einen Zusammenschluß der Betriebe oder wenigstens eine Zusammenarbeit zwischen ihnen zur Notwendigkeit. Der Staat verzichtete nämlich gleichzeitig auf die Einnahme, die ihm aus der Zusatzsteuer der Brennereien erwuchs, und benützte diese Beträge zur Ausbezahlung von Prämien an diejenigen Produzenten, die Spiritus ausführen oder denaturieren. Dadurch erleichterte er den Export von deutschem Spiritus in das Ausland und den Absatz von denaturiertem Sprit. Auf diese Weise werden die Produzenten veranlaßt, die Preise für Spiritus, der in das Ausland geliefert und zu technischen Zwecken fabriziert wird, künstlich zu senken, und sie werden früher oder später im Verfolg dieser Politik dahin gelangen, die Preise für Trinkspiritus künstlich zu erhöhen. Dieses letztere wird für die Produzenten zur Notwendigkeit, wenn sie, um die Gesamtproduktion auf der bisherigen Höhe zu halten oder diese sogar zu steigern (und dadurch die Produktionskosten pro Einheit zu senken), die Preise für die Exportware und für denaturierten Sprit um einen größeren Betrag herabzusetzen wünschen als der staatliche Zuschuß ausmacht. Der Verkauf von Exportspiritus und denaturiertem Sprit muß sich dann mehr oder weniger auf den Umsatz von Trinkspiritus stützen.

3. Die „Spiritus-Zentrale" wird errichtet.

Während der Staat somit durch seine Steuerpolitik die Grundlage für eine Monopolbildung schuf, waren die Reinigungsanstalten (Spiritusfabriken), die in Deutschland innerhalb der Spiritusindustrie eine Klasse für sich bildeten, bestrebt, eine Vereinigung der Fabrikanten zustandezubringen, die seit der Zeit, als die Steuererhöhung von 1887 den Verbrauch von Trinkspiritus zurückgeschraubt hatte, untereinander scharf konkurriert hatten. Auch die Brennereien, die es unter dem Druck der Konkurrenz nachteilig empfanden, zu den Betrieben, bei denen sie normalerweise ihre Produkte absetzen mußten und von deren Kauflust und Urteil über die Qualität der Ware sie abhängig waren, im Gegensatz zu stehen, beschäftigten sich mit Plänen, einen Zusammenschluß zu schaffen, um dadurch ihre Stellung gegenüber den Spiritusfabriken zu stärken. Der Zusammenschluß der Spiritusfabriken kam zuerst zustande, aber er wurde bald durch eine Brennereiorganisation, den „Verwertungsverband deutscher Spiritusfabrikanten" ergänzt, der im Einverständnis mit erstgenanntem Zusammenschluß gegründet wurde, um eine enge Zusammenarbeit zwischen diesen beiden Gruppen zu gemeinsamem Nutzen zu schaffen. Die Organisation der Spiritusfabriken übernahm es, ein Verkaufsorgan für Spiritus ins Leben zu rufen, die unter dem Namen „Spiritus-Zentrale" bekannte Einrichtung (in der ersten Zeit „Centrale für Spiritus-Verwerthung" genannt), die sich als Gesellschaft mit beschränkter Haftung konstituierte. Ihre Aufgabe war, die gesamte Rohspiritus-Produktion der Brennereiorganisation zu übernehmen, diese von Mitgliedern der Organisation der Spiritusfabriken gegen eine näher bestimmte Vergütung rektifizieren zu lassen und danach die gereinigte Ware im Interesse der Rohspirituslieferanten bestmöglich zu verkaufen. Diese Regelung, die in einem Abkommen zwischen den Teilnehmern unter dem Namen „Hauptvertrag“ festgelegt wurde, bietet viele Ähnlichkeitsmomente mit dem Genossenschaftswesen der dänischen Landwirtschaft, das auf gleiche Weise eine bestimmte Warenproduktion der Mitglieder einsammelt und diese nach Veredelung auf Rechnung der Mitglieder verkauft Die Genossenschaft ist also nur ein Zwischenglied zwischen einem Kreis von Produzenten und den Abnehmern und hat keine selbständigen Ziele. Im vorliegenden Fall stützt sich die Gesellschaft zwar nicht auf die Produzenten sondern auf die Betriebe, die sich mit der Veredelung befassen. Diese handeln jedoch im Sinne der Produzenten, die genau so wie die Genossenschaftler in Dänemark Anspruch auf die Verkaufseinnahme nach Abzug der Fabrikationskosten, Verwaltungsausgaben usw. haben.

4. Hauptpunkte des Kartellvertrags.

Die beiden Organisationen, zwischen denen der Hauptvertrag abgeschlossen wurde, waren formell selbständig, bildeten aber in Wirklichkeit eine Einheit und wurden auch von der Öffentlichkeit als solche betrachtet. Nach den Bestimmungen des Vertrages sind die Mitglieder der Brennerei-Organisation verpflichtet, ihre ganze Produktion von Rohspiritus an die Spiritus-Zentrale abzuliefern. Diese leistet gleich nach Empfang eine Anzahlung pro Liter reinen Alkohol, einen „Abschlagspreis“, dessen Höhe von dem „Gesamtausschuß“ festgesetzt wird, der aus 7 vom Hauptvorstand der Brennereiorganisation und 7 auf der Generalversammlung der anderen Organisation gewählten Mitgliedern besteht (diese machen innerhalb der Leitung ihrer Organisation den „Brennerausschuß“ bzw. den „Aufsichtsrat“ aus). Bei Ablauf des Geschäftsjahres wird der Reinertrag ausgerechnet, der, auf die gelieferte Menge Rohspiritus verteilt, den erzielten Verkaufspreis, den „Verwertungspreis“, ergibt. Übersteigt dieser den Abschlagspreis per Einheit, so erhält der Produzent eine Nachzahlung im Verhältnis zu seiner Lieferung; liegt er unter der Abschlagszahlung, so muß der Produzent die Differenz zwischen dem Abschlagspreis und dem Verwertungspreis zurückerstatten.

Die Zentrale überweist die erhaltenen Mengen Rohspiritus zur Reinigung an die Mitglieder der Organisation der Spiritusfabriken nach einem bestimmten Verteilungsplan, der die tatsächlichen Größenverhältnisse dieser Fabriken wiedergibt. Die Reinigungsarbeit wird mit einem Prozentsatz der Durchschnittseinnahme der Brennereien pro hl reinen Alkohol im gegebenen Geschäftsjahr („Reinigungsprämie") entlohnt. Unter Berücksichtigung übrigens der Art der gereinigten Ware (Primasprit, Sekundasprit, Alkohol) und der Größe des Betriebes wird die Rektifizierungsgebühr nach einer progressiven Skala berechnet, deren Anfangssatz 7,5% beträgt (bei einer Durchschnittseinnahme von höchstens 34 M), und die mit 9,6% abschließt (wenn die Durchschnittseinnahme 45 M übersteigt). Die Spiritusfabriken sollen wohl daran interessiert sein, daß die Zentrale und damit die Brennereibesitzer so gute Preise wie möglich erzielen, aber andererseits dürfen die Preise auch nicht so stark in die Höhe getrieben werden, daß der Absatz vermindert wird. Wenn die Rektifizierungsunkosten in einem bestimmten Zeitabschnitt mehr als 20% fallen oder steigen, so müssen die Sätze auf Grund einer Besprechung zwischen dem „Brennerausschuß" und dem „Aufsichtsrat" geändert werden (falls diese nicht einig werden, tritt ein Schiedsgericht in Funktion). Die Mitglieder der Brennerei-Organisation entrichten einen Reinigungsbeitrag und bezahlen außerdem der Zentrale (bzw. der Organisation der Spiritusfabriken) eine Entschädigung für die ganze im Interesse der Brennereien geleistete Arbeit in Form eines festen Betrags pro hl der jährlichen Verkaufsmenge (gereinigten, ungereinigten und denaturierten Sprits). Übersteigt der Umsatz (oder die Reinigungsmenge) die Normalzahlen, so wird die Entschädigung herabgesetzt, während sich diese erhöht, falls der Umsatz geringer als gewöhnlich ist. In Übereinstimmung einerseits mit dem „Hauptvertrag", andererseits mit einer im Anschluß hieran zwischen den Mitgliedern der Organisation der Spiritusfabriken getroffenen „Übereinkunft" beziehen die Spiritusfabriken im übrigen eine Reihe Einnahmen von gebührenartigem Charakter, die teils von der Zentrale, teils von den Brennereien bezahlt werden (für die Gestellung von Fässern und Kesselwagen an die Brennereien, für Lagerräume, für den Transport der fertigen Ware, für die Denaturierung von Sprit usw.). Außerdem erhalten die kleinen Fabriken eine höhere Rektifizierungsentschädigung („Zuschuß zur Reinigungsgebühr“) als die großen.

Die Leitung wird von einer aus 3 Mitgliedern bestehenden Direktion („Geschäftsführung“) wahrgenommen, in die jeder der obengenannten Ausschüsse („Brennerausschuß“, „Aufsichtsrat“ und „Gesamtausschuß“) je ein Mitglied wählt. Die Brennerei-Organisation trägt den Hauptanteil an den Gehältern der Direktion sowie alle Handelsunkosten und hat das Recht, die Geschäftsführung der Zentrale (durch eine „Prüfungsstelle“) zu überwachen.

Es ist den Mitgliedern der Brennerei-Organisation streng untersagt, Geschäfte mit Spritfabriken zu machen, die außerhalb der Organisation stehen. Die Spiritus-Zentrale darf, wenn sie meint, größere Mengen Spiritus als die von den Mitgliedern der Brennerei-Organisation gelieferten absetzen zu können (worüber der „Gesamtausschuß“ nähere Entscheidung trifft), Rohspiritus auf dem freien Markt kaufen. Die auf diese Art aufgekauften Mengen werden nach ihrer Reinigung zum gleichen Preis verkauft wie die anderen.

Die Spiritus-Zentrale ist den Steuerbehörden verantwortlich für Bezahlung derjenigen Beträge, die in Form von Fabrikationsabgaben („Verbrauchsabgabe“, „Brennsteuer“, „Betriebsauflage“) für die abgenommenen Mengen Spiritus zu entrichten sind, und hat (bei Abrechnung mit den Händlern) für Einkassierung und Einbezahlung dieser Beträge an die Staatskasse zu sorgen (während die Maischbottichsteuer von den Brennereien erlegt wird).

5. Die Tätigkeit der „Spiritus-Zentrale“.

Die Erfolge der vereinten Bestrebungen des Staats und der Spiritusproduzenten, den Verbrauch von denaturiertem Sprit in der Industrie und den Haushaltungen zu steigern und dadurch Möglichkeiten für erhöhte Spiritusproduktion zu schaffen, finden deutlichen Ausdruck in der amtlichen Statistik des Deutschen Reichs. Diese zeigt in den Jahren 1897—1914 folgende Entwicklung von Erzeugung, Verbrauch von Trinkspiritus und denaturiertem Sprit (steuerfreiem Sprit) und Ausfuhr:

Geschäftsjahr 1. Oktober – 30. September	Erzeugung in hl reinem Alkohol	Verbrauch in hl reinem Alkohol Trink-spiritus	Steuerfreier Spiritus	Ausfuhr-spiritus
1897—98	3,287,890	2,258,845	889,433	86,620
1898—99	3,815,569	2,408,949	989,966	243,639
1899—1900	3,667,820	2,374,520	1,043,133	188,329
1900—01	4,051,860	2,402,787	1,155,869	214,158
1901—02	4,238,908	2,375,778	1,110,050	242,644
1902—03	3,382,935	2,326,547	1,278,712	407,290
1903—04	3,854,299	2,326,424	1,391,895	113,284
1904—05	3,787,450	2,202,679	1,398,486	24,887
1905—06	4,376,695	2,262,484	1,477,354	183,875
1906—07	3,841,207	2,427,927	1,336,484	231,396
1907—08	4,018,311	2,360,415	1,592,272	28,469
1908—09	4,255,121	2,592,388	1,480,047	19,824
1909—10	3,641,889	1,769,222	1,882,860	23,698
1910—11	3,467,580	1,949,937	1,407,041	26,399
1911—12	3,456,347	1,922,409	1,573,839	23,210
1912—13	3,753,265	1,857,299	1,724,507	15,841
1913—14	3,844,340	1,722,138	1,726,426	14,631

Die Statistik gibt gleichfalls den Verlust durch Schwund und Leckage an sowie den Bestand am Schluß des Geschäftsjahrs (aufgenommen unter Kontrolle der Steuerbehörde), so daß eine genaue Abrechnung über die Verwendung der Produktion jedes Jahres vorliegt. Dagegen zeigt die offizielle Statistik nicht, ein wie großer Teil der Produktion an die Spiritus-Zentrale überwiesen wurde. Wie aus der Fachliteratur hervorgeht, hat sich indessen die Zentrale in kurzer Zeit eine starke Stellung geschaffen. In seinem Werk „Die deutsche Spiritusindustrie" (Leipzig 1909) schreibt Dr. Ludwig Wassermann, daß der Gedanke, eine Zentrale zu schaffen, sofort einen viel stärkeren Anklang fand als erwartet wurde. Die Männer, die dafür wirkten, daß der Zusammenschluß zustande kam, sahen es für notwendig an, daß dieser über mindestens ca. 80 Mill. Liter Spiritus jährlich verfügte. Als die Zentrale ihre Tätigkeit begann, repräsentierten die Vertragsparteien jedoch schon eine Liefermenge von zusammen 135 Mill. Liter Spiritus, die sich schnell um ca. 30 Mill. erhöhte. Der Einfluß der Zentrale auf die Marktverhältnisse war also schon damals groß, und selbst wenn sie sich niemals der gesamten Produktion bemächtigte, so müssen doch ihre Abrechnungen mit den Lieferanten und Mitgliedern als Norm für die Brutto-Einnahmebeträge pro Wareneinheit betrachtet werden, die von den Brennereien und Spritfabriken in den betreffenden Jahren erzielt wurden.

In der Begründung zur Gesetzesvorlage über die Errichtung eines Spiritusmonopols (Reichstagsdrucksache Nr. 1460) wird in Beilage 4 folgende Übersicht über die Durchschnittsverkaufspreise je hl reinen Alkohol in jedem Geschäftsjahre sowie über die Vergütungen der Zentrale an die Produzenten pro hl reinen Alkohol („Verwertungspreis") für dieselben Geschäftsjahre gegeben:

	Verkaufspreis M je hl	An die Lieferanten ausbezahlter Verwertungspreis M je hl
1899—1900	49,39	41,51
1900—01	47,87	39,00
1901—02	39,78	31,68
1902—03	47,49	40,51
1903—04	58,95	46,54
1904—05	68,66	56,05
1905—06	59,91	42,48
1906—07	51,98	43,26
1907—08	64,03	51,44
1908—09	56,27	48,51
1909—10	47,10	43,03
1910—11	51,82	44,91
1911—12	67,66	52,02
1912—13	64,55	54,01
1913—14	62,50	51,51

Da der überwiegende Teil der deutschen Spiritusproduktion von den landwirtschaftlichen Brennereien stammte und innerhalb dieser Gruppe wiederum von den Kartoffelbrennereien (im Geschäftsjahr 1912—13 betrug nach Beilage 18 der Begründung zum Monopolvorschlag die Erzeugung der Kartoffelbrennereien 2,185,100 hl reinen Alkohol, die Erzeugung sämtlicher landwirtschaftlicher Brennereien 3,150,900 hl und die der gesamten Spiritusindustrie 3,753,300 hl), war in erster Linie die Größe der Kartoffelernte für die Verkaufspreise entscheidend. Wenn es nicht vorteilhafter für die Landwirte ist, die Kartoffeln auf Spiritus zu verarbeiten, als sie als Speisekartoffeln oder als Viehfutter zu verkaufen, wird die Spiritusproduktion vermutlich zurückgehen, bis die Preise für Spiritus infolge des verminderten Angebots gestiegen sind und das Gleichgewicht wiederhergestellt ist. Im allgemeinen haben die Landwirte, die Brennereien betrieben, offenbar nicht damit gerechnet, durch die Spirituserzeugung mehr zu gewinnen als den Wert der Schlempe, nachdem der Monopolgesetzentwurf (§ 97) vorschrieb, daß der Preis, den das Monopol für Rohspiritus pro Hektoliter bezahlen soll („Branntweingrundpreis"), die durchschnittlichen Produktionskosten einer gut geleiteten Kartoffelbrennerei von Mittelgröße decken muß (siehe § 65 des jetzt gültigen Monopolgesetzes vom 8. April 1922). Anscheinend haben sie aber zur Zeit der Spiritus-Zentrale gelegentlich etwas höhere Preise für Kartoffeln erzielen können, wenn sie diese in den Brennereien verwendeten, anstatt sie auf freiem Markt zu verkaufen. Auf Grund einiger an die Spiritus-Zentrale eingesandten Geschäftsberichte von zwei recht großen landwirtschaftlichen Brennereien kann folgender Überschlag über die Rentabilität des Brennereibetriebs gegeben werden:

	Brennerei I	Brennerei II
Produktion	470 hl	600 hl
Kartoffelverbrauch	8,225 Ztr.	10,500 Ztr.
Einnahme durch Verkauf von Rohspiritus zu 52,— M je hl	24,400,— M	31,200,— M
Abzüglich Sondersteuer für Produktion über eine gewisse Menge und Mindereinnahme durch Verkauf des Überschusses zu technischen Zwecken	2,700,— M	7,705,— M
	21,700,— M	23,495,— M
Wert der Schlempe (0,25 M je Ztr. Kartoffeln)	2,056,— M	2,625,— M
Brutto-Einnahme	23,756,— M	26,120,— M
Brutto-Einnahme je hl Spiritus	50,54 M	43,53 M
Abzüglich Wert der Rohstoffe (17,5 Ztr. Kartoffeln zu 1,50 M und 0,5 Ztr. Gerste zu 8,— M)	30,25 M	30,25 M
	20,29 M	13,82 M
Betriebsunkosten je hl	10,64 M	6,— M
Netto-Einnahme je hl	9,65 M	4,28 M
Mehreinnahme je Ztr. Kartoffeln	0,55 M	0,24 M
Mehreinnahme durch Brennereibetrieb	4,523,75 M	2,520,— M

Hiernach hat der Brennereibetrieb im ersten Fall eine wesentlich höhere Netto-Einnahme gegeben als dies dem Wert der Schlempe entspricht (4,523,75 gegen 2,056,00 M), während der Brennereibesitzer im zweiten Fall durch die Verwendung der Kartoffeln für die Spiritusproduktion statt durch Verkauf zum angegebenen Marktwert knapp den Wert der Schlempe verdient. Durch Steigerung der Produktion würde der Brennereibesitzer die Betriebsunkosten pro Hektoliter gewiß etwas verringert haben, aber andererseits wäre eine Erhöhung der Zusatzsteuern erfolgt, die der Staat den größeren Brennereien auferlegt, teils um die Produktion zu begrenzen, teils um den kleineren Betrieben in ihrer Konkurrenz gegen die größeren zu helfen. Die Endzahlen wären dadurch geringer geworden (z. B. bei einer Produktion von 700 hl nur 1,48 M pro Hektoliter Netto-Einnahme und 980,— M Mehreinnahme durch Brennereibetrieb. obwohl der Wert der Schlempe 3,063,— M beträgt).

Eine Aufstellung über die gesamte Auswirkung der recht verwickelten Regeln über die Vergütung, die den Spritfabriken für die Rektifizierung des Rohsprits, das Lagern und den Transport der Waren usw. (siehe oben) gezahlt wird, ist gleichfalls in dem umfangreichen Material über die Verhältnisse der Spiritusindustrie, das den Monopolentwurf begleitet, enthalten (Beilage 14). Hiernach haben die Mitglieder der Zentrale im Durchschnitt der vier Geschäftsjahre 1910/11—1913/14 zusammen jährlich 10,728,900,— M für die Fabrikation von 1,881,545 hl reinem Alkohol erhalten, also 5,70 M pro Hektoliter. Es ist nicht angegeben, ein wie großer Betrag der Brutto-Einnahme zur Deckung der Produktionsunkosten einer Spritfabrik von Durchschnittsgröße erforderlich war.

6. Gründung des Reichsbranntweinmonopols.

In den Kriegsjahren konnte sich die Spirituserzeugung nicht auf ihrer normalen Höhe halten, und da große Mengen von der Militärverwaltung angefordert wurden, gingen die Preise für Trinkspiritus sprunghaft in die Höhe (in den begründenden Ausführungen zum Monopolentwurf werden Angebote in der Fachpresse von 1000 bis 1200 M pro Hektoliter reinen Alkohol im Sommer 1916 und im Zusammenhang mit der Warenknappheit bis 8000 M im folgenden Sommer erwähnt). In Verfolg des Bestrebens der Zentrale, die gesamte Produktion unter einheitliche Leitung zu bringen, stellte der Staat die gesamte Spiritusproduktion unter öffentliche Verwaltung („die Reichsbranntweinstelle") und führte für alle Produzenten eine allgemeine Ablieferungspflicht ein. Sollte ein Spiritusmonopol eingeführt werden, so brauchte nur noch der Name der Verwaltungsstelle geändert zu werden, und so tauchen denn die alten Vorschläge zur Monopolisierung des Spiritushandels wieder auf (außer im Jahre 1887 hatte auch im Jahre 1907 der Reichstag einen Monopolentwurf behandelt), die dieses Mal eine günstigere Aufnahme finden als früher. Nach eingehenden Verhandlungen wird durch Gesetz vom 26. Juli 1918 das Staatsmonopol ins Leben gerufen, und zwar als Zwischenhandelsmonopol mit dem Alleinrecht zur Herstellung von Spiritus aus Stoffen, die bisher nicht als Rohmaterial in der Spiritusindustrie gebraucht worden sind, und mit dem Alleinrecht zur Umbildung von Spiritus in gewöhnlichen Trinkbranntwein („zur Herstellung der dem Massenverbrauche dienenden einfachen Trinkbranntweine"). Weiter hat das Monopol Alleinrecht zur Einfuhr aller Arten von Spirituosen mit Ausnahme von Kognak, Rum, Arrak und Likören. Die private Spiritusindustrie ist hauptsächlich darauf angewiesen, für das Monopol zu arbeiten, das seinerseits die Politik, die in den Steuergesetzen Ausdruck findet, weiterführen soll. Bei Festsetzung der Preise, zu welchen der Rohsprit übernommen wird, soll das Monopol bestrebt sein, einer Überproduktion vorzubeugen, und hiermit gleichzeitig aus agrar-ökonomischen Rücksichten die landwirtschaftlichen Brennereien gegen die Konkurrenz der industriellen Betriebe schützen, sowie schließlich den kleinen Betrieben im allgemeinen eine Vorzugsstellung vor den größeren einräumen. Aus praktischen Gründen wird der Teil der Spiritusproduktion, der den Charakter der Heimindustrie hat, außerhalb der Monopolordnung gehalten. Es handelt sich hierbei in erster Linie um die kleinen Obstbrennereien der süddeutschen Landwirte, die nach Zehntausenden zählen (bei der Zählung der Brennereien im Geschäftsjahr 1912—13, deren Ergebnis in der Beilage 18 des Monopolentwurfs mitgeteilt wird, wurden 48,391 Fruchtbrennereien festgestellt). In höchst bescheidenem Maße wird in diesen Brennereien Spiritus aus Kirschen, Pflaumen, Weintrestern u. ä. gewonnen, der meist von den Produzenten selbst oder den Produzentenvereinen (Genossenschaftsvereinen) direkt an die Verbraucher verkauft wird. Diese Brennereien haben von jeher den Steuerbehörden Kopfzerbrechen gemacht und wurden übrigens von den gesetzgebenden Körperschaften rücksichtsvoll behandelt. Sie müssen für den hergestellten Branntwein, dessen Menge auf Grund der angemeldeten Rohstoffe geschätzt wird, einen Branntweinaufschlag zahlen, allerdings zum Teil nur einen ermäßigten. Die Bestimmungen über die Ablieferungspflicht der Produktion erhielten keine Gültigkeit für sie. Wenn sie eine Art Entschädigung pro Wareneinheit erlegten („den Branntweinaufschlag"), die dem Unterschied zwischen dem Einkaufspreis, den das Monopol für Rohspiritus bezahlte, und dem Verkaufspreis für Trinkspiritus entsprach, durften sie selbst über die Produktion verfügen.

Die Monopolverwaltung trägt dafür Sorge, daß die übernommenen Rohspiritusmengen rektifiziert werden, und verkauft danach die rektifizierte Ware in Form von Feinspiritus (gewöhnlich 95% Alkoholgehalt) an Likörfabrikanten und andere Erzeuger von Trinkspiritus. Ursprünglich sollten die privaten Erzeuger eine Abgabe pro Liter fertige Spirituosen („Verarbeitungsgebühr") erlegen, aber diese Bestimmung ist in Fortfall gekommen. Die Monopolverwaltung hatte das Recht zur Herstellung gewöhnlicher Branntwein- und Aquavitsorten („der dem Massenverbrauch dienenden einfachen Trinkbranntweine") und bewahrte dieses Recht, als das Monopolgesetz im Jahre 1922 (Gesetz vom 8. April 1922, das jetzt noch, allerdings mit einigen Änderungen, in Kraft ist), revidiert wurde. Die Erzeugung fand indessen nur in den ersten Betriebsjahren statt (die staatliche Ausübung der Trinkbranntweinherstellung wurde von den Gewerbekreisen kritisiert), und der Monopolverwaltung gelang es nicht, einen größeren Umsatz in fertigem Trinkspiritus eigener Herstellung zu erzielen.

Bei der Festsetzung des normalen Verkaufspreises für Trinkspiritus sollte die Monopolverwaltung danach streben, einen so großen Nettogewinn zu erzielen, daß sie für jeden Hektoliter reinen Alkohol, der im Laufe des Geschäftsjahres für Trinkzwecke verkauft worden war, 800 M an die Reichskasse abführen konnte („Hektolitereinnahme"). Im neuen Monopolgesetz wurde diese Ziffer mit Rücksicht auf das beginnende Sinken der Kaufkraft der deutschen Mark auf m i n d e s t e n s 4000 M pro Hektoliter reinen Alkohol abgeändert. Nachdem das Geldwesen wieder in geordnete Bahnen gelenkt war, wurden wieder feste Monopolabgaben pro Hektoliter reinen Alkohol eingeführt, und die Monopoleinnahme („Hektolitereinnahme") ist seitdem mehrmals erhöht worden und betrug bis zum Frühjahr 1932 400 RM pro Hektoliter (dann wieder ermäßigt, siehe unten). Wenn der Gewinn der Monopolverwaltung größer ausfällt als der Betrag, den die Monopolverwaltung unter den gegebenen Preisverhältnissen als Monopoleinnahme („Hektolitereinahme") hereinnehmen sollte, hat die Reichskasse auch Anspruch auf den überschüssigen Betrag. Die Monopolverwaltung nimmt innerhalb der Reichsverwaltung eine selbständige Stellung ein. Unter Aufsicht des Reichskanzlers (später des Finanzministers) werden die Geschäfte von einer Verwaltungsabteilung („dem Monopolamt") und einer Handelsabteilung („Geschäftsabteilung", später „Verwertungsstelle") geleitet. Letztere arbeitet nach kaufmännischen Grundsätzen und war bis zur Gesetzrevision von 1922 nicht an die Lohngesetze und Lohnabmachungen des Reiches gebunden. Um den

Rohspiritus-Produzenten, die ihre gesamte Produktion an das Monopol abliefern müssen, die Möglichkeit zu geben, ihre Interessen gegenüber dem Monopol (Staat) wahrzunehmen, und um überhaupt die Sicherheit zu schaffen, daß der Monopolbetrieb das allgemeine Wohl vertritt, ist ein Kontrollrat („Beirat") eingesetzt, in dem sowohl öffentliche Körperschaften als auch die Brennereien und das Sprit verarbeitende Gewerbe vertreten sind. In einer Anzahl im Monopolgesetz näher bestimmter Fälle sollen die Entscheidungen gemeinsam von Monopolamt und Beirat getroffen werden.

7. Betriebsergebnisse des Monopols.

Das in dieser Weise organisierte Monopol, das an die Stelle der Spiritus-Zentrale trat und auch deren Personal übernahm, begann seine Tätigkeit am 1. Oktober 1919 unter ganz anderen äußeren Verhältnissen als denen, die bei Annahme des Gesetzes herrschten. Das Geschäftsleben kämpfte mit politischer und ökonomischer Unruhe und Unsicherheit, und auf beinahe allen Punkten sah sich das Monopol durch Vorschriften des Staats über die Verwendung der landwirtschaftlichen Produktion sowie durch Warenmangel und Absatzschwierigkeiten behindert. Das Monopol war deshalb nicht imstande, auch nur annähernd die Nachfrage nach Spiritus im Inland zu decken, und mußte, um überhaupt Trinkspiritus anbieten und dem Reich Einnahmen schaffen zu können, Einkäufe von Spiritus im Ausland tätigen und ganz und gar darauf verzichten, gewöhnlichen Trinkbranntwein (Monopolware) herzustellen. Die inländische Produktion war wenig leistungsfähig, da der Hauptteil der Kartoffelernte für Speisekartoffeln gebraucht wurde und da außerdem wichtige Produktionsgebiete durch Landabtretungen verloren gegangen waren. Im Geschäftsjahr 1919/20 wurden nur ca. 600,000 hl reiner Alkohol inländischen Ursprungs an das Monopol abgeliefert, die zusammen mit den von der Zentrale übernommenen Beständen eigentlich nur für technische Zwecke verkauft wurden. Der ganze Umsatz betrug 1,001,112 hl, und das Monopol konnte dem Staat als Netto-Verdienst ca. 691 Mill. M überweisen. Die Monopolverwaltung spricht im Jahresbericht ihre Zufriedenheit mit diesem Resultat aus, das unter den gegebenen Umständen auch nicht schlecht war. Wenn die Berechnung der Einnahmen auf dem Verdienst beim Verkauf von Spiritus zu Trinkzwecken aufgebaut ist und nur ein ganz unbedeutendes Quantum (ca. 68,000 hl) für diese Verwendung umgesetzt wird, so ist das Monopol genötigt, einen sehr hohen Preis für Trinkspiritus zu nehmen, um seine Generalunkosten und den Verlust decken zu können, der durch den Verkauf von denaturiertem Spiritus zu niedrigerem Preis entsteht, als die Herstellungskosten bedingen. In dem genannten Geschäftsjahr konnten auch recht hohe Preise für Trinkspiritus notiert werden, weil die Inflation die Preise hochtrieb. Dagegen wird das Monopol in Zeiten, wo die Preise fallen und die Kaufkraft und die Nachfrage abnehmen, den Umsatz nur noch mehr hemmen, wenn es die Verkaufspreise für Trinkspiritus erhöht, um dadurch den Einnahmeverlust auszugleichen, den der geringere Verkauf mit sich führt. Das Monopol hat in dieser Beziehung später bittere Erfahrungen gemacht.

In den folgenden Geschäftsjahren arbeitet sich die inländische Spiritusproduktion empor, aber das Monopol muß immer noch seine Lieferungen durch Aufkäufe im Ausland ergänzen. Es empfiehlt sich auch gewiß für das Monopol, ausländischen Spiritus für Trinkzwecke zu verkaufen, weil es bei der Preisbestimmung für ausländischen Spiritus nicht an den obengenannten Monopolverdienst (die „Hektolitereinnahme") gebunden ist. Diese Einnahme wurde für das Reich immer unzureichender im gleichen Maße, wie der Wert des Geldes sank. Noch im 2. und 3. Geschäftsjahr des Monopols bewegen sich die Bilanzsummen der Jahresabrechnungen in Milliarden, aber danach erreichen die Preise und Rechnungsposten, die in Papiermark gebucht sind, so hohe Zahlen (Trinkspiritus kostete danach 55,000 M pro Hektoliter reinen Alkohol am Anfang des Geschäftsjahr 1922/23 und 252,000,000 M pro Hektoliter am Schlusse dieses Jahres), daß sich die rechnungsmäßige Entwicklung des Monopols nicht länger verfolgen läßt. Überhaupt verstreichen etliche Jahre, bis das Monopol alle Anfangsschwierigkeiten überwunden hat (Produktion und Umsatz von Spiritus in den von den Truppen der alliierten Mächte besetzten Gebieten entziehen sich der Kontrolle), und es ist deshalb wohl das richtigste, die ersten 5 bis 6 Geschäftsjahre außer Acht zu lassen, wenn man die Geschäftsresultate des Monopols beurteilen will.

Nachstehende Tabelle zeigt, welchen Umfang die Tätigkeit des Monopols in den Geschäftsjahren 1925/26—1930/31 (1. Oktober—30. September) gehabt hat:

	Bestand an Spiritus bei Jahresbeginn	Von den Brennereien im Laufe d. Jahres geliefert*)	Jahresverkauf Für Trinkzwecke	Jahresverkauf Für Ausfuhr u. industrielle Zwecke**)
	hl 100%	hl 100%	hl 100%	hl 100%
1925—26	1,198,215	2,099,585	562,194	1,732,055
1926—27	979,864	1,700,202	695,124	1,607,162
1927—28	349,743	2,596,791	663,134	1,761,026
1928—29	503,801	3,009,669	661,782	1,949,571
1929—30	887,474	2,741,828	388.367	1,649.743
1930—31	1,578,010	2,456,204	359,692	1,663,685
1931—32	1,992,212			

Die wirtschaftlichen Ergebnisse des Monopolbetriebs sind abhängig von der Preisbewegung für Rohsprit sowie für Trinkspiritus und Spiritus für technische u. ä. Zwecke, die sich wie folgt gestaltet: (Vergl. Tabelle auf Seite 28.)

Brutto-Einnahme, Betriebsunkosten und Reinüberschuß betrugen in denselben Jahren (in abgerundeten Zahlen):

	Netto-Einnahme Mill. RM	Unkosten Mill. RM	Reinüberschuß Mill. RM
1925—26	232,0	46,5	186,2
1926—27	330,4	73,8	256,6
1927—28	312,4	47,6	264,8
1928—29	392,3	64,6	327,7
1929—30	260,5	48,0	212,5
1930—31	262,8	58,9	203,9

Bis Ende des Geschäftsjahres 1928/29 ist das rechnungsmäßige Bild günstig. Der Umsatz ist im Steigen begriffen, und folglich kann auch das Monopol in steigendem Grad die Brennereien beschäftigen, die in diesem Geschäftsjahr ca. 50% mehr Spiritus liefern als am Anfang der Periode. Übereinstimmend hiermit kann das Monopol auch seine Reingewinn-Zahlungen an die Staatskasse erhöhen. Der letzte Teil des Geschäftsjahrs 1928/29 steht allerdings schon gegen den ersten zurück. In einem ungünstigen Augenblick erhöht der Staat die Hektolitereinnahme und damit den Verkaufspreis pro Hektoliter Trinkspiritus (ab 1. Juni 1929). Schlechte Zeiten stehen bevor, der Preisaufschlag vermindert die Kauflust, und im Laufe des Winters 1929/30 wird auch infolge der steigenden Arbeitslosigkeit die Kaufkraft geringer. Die Wirkung ist überraschend groß. Der Verkauf von Spiritus zu Trinkzwecken

*) Einschließlich kleiner beschlagnahmter Posten.

**) Die Ausfuhrmenge war unbedeutend mit Ausnahme der Jahre 1925/26 und 1926/27, in denen auf Veranlassung des Monopols 528,432, bzw. 74,756 hl exportiert wurden.

Preisbewegung (s. S. 27).

	1925/26 RM pro hl	1926/27 RM pro hl	1927/28 RM pro hl	1928/29 RM pro hl	1929/30 RM pro hl	1930/31 RM pro hl
Rohsprit von selbständigen Brennereien übernommen zu	55,14	56,42	63,11	63,86	63,55	52,63
Für Rohsprit eigener Erzeugung des Monopols wurden bezahlt	40,41	38,36	40,82	38,58	36,30	38,16
Durchschnittspreis für Rohsprit	53,72	53,74	60,95	61,36	60,67	51,21
Reinigungskosten	5,28	5,65	6,22	5,20	5,40	5,00
Verkaufspreis für:						
Trinkspiritus	430,—	430,— (500,—)	500,—	500,— (600,—)	600,—	600,—
unvollkommen denaturierten Spiritus	30,—	30,—	30,— (40,—)	40,—	40,— (45,—)	45,— (40,—)
vollkommen denaturierten Spiritus	30,—	30,—	30,— (40,—)	40,—	40,— (50,—)	50,— (45,—)
Motorenspiritus	15,—	15,—	15,— (18,—)	18,— (31,—)	31,— (80,—)	80,— (70,—)*)
Spiritus für Apothekerwaren, Toilettenartikel u. ä.	200,— (225,—)	225,— (250,—)	250,—	250,— (330,—)	330,—	330,— (300,—)
Exportpreis	30,— (27,—)	27,— (38,—)	38,—	38,—	38,—	38,— (28,—)

Wo zwei Preise angegeben sind, ist die Preiserhöhung bzw. -herabsetzung im Laufe des Geschäftsjahres erfolgt (der in Klammern angegebene Preis war den Rest des Jahres hindurch gültig).

*) Die erste der beiden Preisangaben für dieses Geschäftsjahr gilt für „Motorenbranntwein", die zweite für „Treibstoffspiritus". In Verbindung mit einer Änderung der Bestimmung, wonach die Importeure von Benzin verpflichtet sind, eine näher bestimmte Menge Spiritus zur Mischung mit Benzin zu übernehmen, ging das Monopol (den 1. August 1930) dazu über, absoluten Alkohol (99,6%) zu diesem Zweck zu produzieren („Treibstoffspiritus"), und mußte infolgedessen die Preise erhöhen.

geht von 1928/29 bis 1929/30 um 41,3% zurück. Gewiß war es für das Geschäftsjahr 1929/30 von Nachteil, daß im vorhergehenden Jahr sehr große Aufkäufe von Spiritus stattgefunden hatten, weil das Gerücht ging, daß die Preise erhöht werden sollten, und insofern hätte ja das Geschäftsjahr 1930/31 wieder einen Aufschwung im Verkauf von Trinkspiritus bringen müssen. Der größte Teil dieses Jahres stand indessen im Zeichen der ökonomischen Krise, und der Jahresbericht des Monopols für 1930/31 zeigt, daß die Befürchtung, daß dieses Jahr ein noch schlechteres Ergebnis aufweisen sollte als das 1929/30 erzielte, begründet war. Das Monopol lag schon am 1. Oktober 1930 mit sehr großen Beständen an Spiritus (siehe obige Tabelle) fest, konnte aber nicht, ohne die Schwierigkeiten der Landwirtschaft zu verschärfen, eine bedeutende Einschränkung in der Produktion der landwirtschaftlichen Brennereien durchführen, sondern war genötigt, im neuen Geschäftsjahr weit größere Mengen Spiritus abzunehmen, als es gebrauchte. Das Monopol hätte am liebsten gesehen, daß nur ca. die Hälfte des Produktionskontingents ausgenützt worden wäre, mußte indessen unter dem Druck der Verhältnisse weit größere Mengen Rohspiritus abnehmen. Es heißt hierüber im Geschäftsbericht für 1930/31: „Die notwendige Verringerung der am Beginn des Geschäftsjahres vorhandenen hohen Branntweinbestände der Monopolverwaltung mußte zurückgestellt werden, um der Landwirtschaft wegen der großen Kartoffelernte eine Mehrherstellung von Branntwein zu ermöglichen. Aus diesem Grunde wurde, trotzdem die hohen Bestände ein Brennrecht von höchstens 51 v. H. rechtfertigten, ein solches von 70 v. H. zugebilligt, welches Ende März 1931 für die landwirtschaftlichen Brennereien, deren Brennrecht für Kartoffeln und anderes Getreide als Korn galt, noch eine Erhöhung auf 80 v. H. erfuhr. Unter dem Druck der schwierigen Absatz- und Geldverhältnisse bei der Landwirtschaft setzte eine lebhafte Branntweinerzeugung ein, welche noch gefördert wurde durch wiederum gewährte Ausnahmegenehmigungen gegenüber den regelmäßigen Vorschriften des Monopolgesetzes".

Das Monopol ist also durch die Macht der Verhältnisse in eine Sackgasse getrieben. Zur Erhöhung der Monopoleinnahme hat die Reichsregierung zweimal den Verkaufspreis für Trinkspiritus heraufgesetzt und auch im Widerstreit mit der Preispolitik, die erst von der Spiritus-Zentrale und danach vom Monopol befolgt worden war, die Preise für Spiritus erhöht, der in unvollkommen oder vollkommen denaturiertem Zustand von der Industrie oder als Brennspiritus in den Haushaltungen benützt wird. Trotzdem der Umsatz von Trinkspiritus, von dem die ökonomische Stellung des Monopols abhängt, rapide zurückgeht, ist das Monopol aus agrar-politischen Rücksichten daran gehindert, seine Einkäufe von Rohsprit dem vorhandenen Bedarf anzupassen. Infolgedessen schwollen die Vorräte an, und das Monopol erlitt Verluste durch Schwund und hatte große Ausgaben für die Miete von Lagerräumen. Um den Umsatz auch nur auf die Höhe der Jahre um 1927 zu bringen (und zum Wohl der Landwirtschaft sollte er möglichst noch höher sein), mußte die Regierung darauf bedacht sein, die Besteuerung („Hektolitereinnahme") nicht unwesentlich zu senken, um es dem Monopol zu ermöglichen, die Preise für Trinkspiritus beträchtlich herabzusetzen. Freilich war es aus verschiedenen Gründen schwierig für die Regierung, einen solchen Schritt zu unternehmen. Es wurde jedoch allgemein angenommen, daß Ende März 1932 eine Herabsetzung stattfinden würde, da die Regierung, um den Rückgang im Bierumsatz zum Stillstand zu bringen (durch Notverordnung vom 31. März 1932), sowohl die Reichsbiersteuer als auch die kommunalen Abgaben auf Bier zu mildern beschloß. Die Regierung schien indessen im letzten Augenblick Bedenken gehabt zu haben, und der Trinkspiritusumsatz des Monopols fiel daher weiter, weil sich die Verbraucher jetzt in Erwartung einer Preissenkung abwartend verhielten. Schließlich wurde die Herabsetzung der Hektolitereinnahme und damit der Verkaufspreise doch zur Tatsache. Durch Verordnung der Regierung vom 20. April 1932 wurde mit Wirkung vom 25. April 1932 die Hektolitereinnahme von 400 RM auf 250 RM und damit der Verkaufspreis für Trinksprit auf 400 RM je Hektoliter herabgesetzt. Leider kam diese Herabsetzung konjunkturell und saisonmäßig zu spät, um eine wirkliche Verbesserung der Lage des Monopols herbeizuführen. Wenn das Monopol freier gewesen wäre, hätte es dieser Krise leichter standhalten können. Es hätte dann selbst bestimmen können, welche Mengen Rohsprit gekauft werden sollten, und hätte die Verkaufspreise den wechselnden Konjunkturen anpassen können. Andererseits darf nicht übersehen werden, daß es auch der Spiritus-Zentrale schwer gefallen wäre, sich in ökonomischen Notjahren wie den jetzigen zu behaupten, wenn der Staat die Spiritussteuer heraufgeschraubt hätte. In diesem Fall hätte die Zentrale bei zurückgehendem Umsatz von Trinkspiritus auch kaum die niedrigen Preise für Spiritus zu technischen u. ä. Zwecken beibehalten können, und ebensowenig hätte sie ihre Mitglieder (die Spritfabriken) oder ihre Rohspritlieferanten (die Brennereien) in namhaftem Umfang beschäftigen können. Die Produzenten wären jedoch genötigt gewesen, die Zustände zu nehmen, wie sie waren, während sie sich unter einer Monopolordnung für berechtigt halten, gewisse Forderungen an den Staat zu stellen, der das Monopol geschaffen und dadurch gleichsam eine moralische Verantwortung für ihr Geschick auf sich genommen hat.

Ein Vergleich zwischen den Betriebsresultaten der Spiritus-Zentrale und denen des Monopols stößt sofort auf die Schwierigkeit, die darin liegt, daß diese beiden Einrichtungen keineswegs das gleiche Ziel verfolgen und auch nicht gleichartig organisiert sind. Während das Monopol selbständig dasteht sowohl in seinem Verhältnis zu den Rohsprit-Lieferanten als auch zu den Rektifizierungsbetrieben und mit diesen beiden Gruppen nichts anderes zu tun hat, als ihnen näher festgesetzte Preise für die Dienste zu zahlen, die sie dem Monopol leisten, war die Zentrale der Vertreter dieser beiden Gruppen und arbeitete für deren Rechnung. Was verdient wurde, ging an die Produzenten, nachdem alle Unkosten und dabei in erster Linie der Reinigungsprozeß bezahlt waren, während das Monopol dem Staat gehört und seinen ganzen Betriebs-Reingewinn an die Staatskasse abzuführen hat. Die Zahlungen der Zentrale an die Produzenten („Verwertungspreis“ — siehe oben) stellten den erzielten Reingewinn dar; die Einnahmen des Monopols pro Wareneinheit sind ein Gemisch aus Besteuerung und Handelsverdienst (die Preise der Zentrale schlossen nicht die allgemeine Verbrauchssteuer ein).

Es ist wohl eine Voraussetzung für das Monopolgesetz, daß die Steuer, die das Monopol (als Bestandteil des Warenpreises) erhebt, einen festen Betrag pro Wareneinheit ausmachen soll und daß die Verbraucher nicht darüber hinaus mit einem Handelsnutzen an das Monopol belastet werden sollen. In der Praxis ist es indessen dem Monopol unmöglich, Warenpreise festzusetzen, die der Reichskasse genau die Steuereinnahme verschaffen, auf die sie nach der Größe und Zusammensetzung des Verkaufs Anspruch hat, und außerdem die Unkosten des Monopols decken. Das Monopol muß notwendigerweise ebenso wie ein Privatunternehmen bei seinen Preisberechnungen mit einem gewissen Spielraum arbeiten. und es geht denn auch aus dem Monopolgesetz hervor, daß das Reich mit einem Handelsverdienst seitens des Monopols rechnet, der als eine Art Betriebsüberschuß bezeichnet werden muß. Das Gesetz erwähnt nämlich, wie vorstehend mitgeteilt, ausdrücklich einen solchen Betriebsüberschuß („Reineinnahme") und bestimmt, daß auch diese Einnahme an den Staat abzuführen ist. Die Preispolitik der Monopolverwaltung unterscheidet sich daher an und für sich nicht von derjenigen der Spirituszentrale, abgesehen von dem recht wesentlichen Unterschied, daß das Monopol nicht nur tatsächlich, sondern auch formell die Höhe seiner Preise festsetzen kann, und es ist daher gerechtfertigt, den Betriebsüberschuß des Monopols (den Handelsgewinn) als eine Art zusätzliche Besteuerung zu betrachten.

Welche Höhe die Einnahmen des Monopols in einem bestimmten Jahre erreichen, ist wiederum davon abhängig, wie sich das Verhältnis zwischen Preisen und Umsatz gestaltet. Die Monopoleinnahme kann je nach den Konjunkturschwankungen ihr Maximum entweder bei niedrigerem Preis und dementsprechend größerem Umsatz oder bei höherem Preis und dementsprechend kleinerem Umsatz erreichen. Wenn das Monopol, wie aus nachfolgenden Zahlen hervorgeht, dem Staat weit höhere Steuereinnahmen sowohl alsolut als pro Liter steuerpflichtiger Ware verschafft hat, als die Steuerordnung vor dem Kriege, so ist damit keineswegs gesagt, daß das Monopol als Steuerform vorteilhafter ist. In der Monopolzeit hat der Staat nur größere Anforderungen als vorher an die Verbraucher von Trinkspiritus gestellt. Durch Erhöhung der Steuer hätte er damals das gleiche Resultat erreichen können. Im letzten Jahr des Besteuerungssystems war der Umsatz von Trinkspiritus stark zurückgegangen und der Umsatz von Sprit zu technischen Zwecken stark steigend (siehe obige Tabelle). Dagegen war einige Jahre vorher der Umsatz von Trinkspiritus recht groß, während der Umsatz von technischem Sprit noch nicht den starken Aufschwung zeigte, wie es in den Jahren kurz vor dem Weltkrieg der Fall war. In der Zeit um die Jahrhundertwende hätte die Ertragsfähigkeit der Verbrauchssteuer also am größten sein müssen. Der Verbrauch von Trinkspiritus und die Steuereinnahme betrugen damals:

	Umsatz von Trinkspiritus*)	Einnahme aus Inland-Steuer und Zoll**)	Steuereinnahme pro Liter reinen Alkohol**)
	Mill. Liter reinen Alkohol	Mill. M	M
1898—99	241,5	162,1	0,67
1899—1900	238,0	164,8	0,69
1900—01	241,0	155,1	0,64
1901—02	237,9	159,1	0,67
1902—03	233,4	146,9	0,63

Die Brutto-Einnahmen, die das Monopol erzielt (siehe vorstehende Übersicht über den Verkauf und die Rechnungsergebnisse des Monopols) stellen eine weit größere Steuerbelastung pro Wareneinheit dar. Bezieht man die Brutto-Einnahme auf den Verkauf von Spiritus für Trinkzwecke, von welcher Warengattung ja der überwiegende Teil der Einnahme herrührt, entfiel im Geschäftsjahre 1928/29 eine Steuerleistung von 5,93 RM und in den beiden folgenden Geschäftsjahren eine solche von 6,70 bzw. 7,30 RM auf jeden Liter Trinkspiritus. Die Wirkung der Erhöhung der Monopoleinnahme („Hektolitereinnahme") zeigt sich deutlich in der Steigung der Einnahmekurve, die die fallende Kurve des Konsums schneidet. Die Unkosten des Monopols haben in den drei Jahren 64,6, 48,0 bzw. 58,9 Millionen RM betragen, und selbst in dem in geschäftlicher und finanzieller Beziehung schlechtesten Jahre des Monopols, dem Geschäftsjahre 1930/31, nimmt das Reich netto ein Viertel mehr ein, als die Besteuerung durchschnittlich in den Jahren um die Jahrhundertwende einbrachte, obgleich der Verbrauch von Trinkspiritus nicht einmal ein Sechstel des Durchschnittsverbrauchs jener Periode erreicht.

Hätte das Reich, anstatt ein Spiritusmonopol zu errichten, durch Steuererhöhungen eine ebenso große Netto-Einnahme pro Liter hundertprozentigen Trinkspiritus, wie sie im letzten Ge-

*) Die Zahlen sind dem obengenannten Buch Dr. Ludwig Wassermann's entnommen: „Die deutsche Spiritusindustrie" (Leipzig 1909) und stimmen nicht ganz mit den vorgenannten Zahlen überein, die aus der statistischen Beilage zum Monopolentwurf stammen.

**) Auch diese Zahlen sind dem unter Notiz *) genannten Buch entnommen. Da sie die gesamte Steuereinnahme aus dem Spiritusumsatz angeben, entsprechen sie nicht den Zahlen der ersten Kolonne, und die in der dritten Kolonne gegebene Durchschnittsberechnung ist also nicht richtig. Der Verfasser bezeichnet jedoch selbst die Einfuhr, die hauptsächlich fertige Spirituosen umfaßt, als unbedeutend, und dasselbe läßt sich voraussichtlich von den Fehlern sagen, die dadurch entstehen, daß man die Zahlen der 2. Kolonne durch die der 1. Kolonne dividiert.

schäftsjahre erzielt wurde, angestrebt, wäre den Verbrauchern die Bezahlung der Monopolunkosten erspart geblieben, die aus der Bruttoeinnahme zu decken sind. Dafür hätten sie indessen eine Entschädigung für den Anteil der Spiritusfabriken an der Produktion bezahlen müssen, die nach den Veröffentlichungen deutscher Verfasser zu urteilen offenbar nicht ganz unbedeutend gewesen wäre (in dem Werk „Freie Wirtschaft und gebundene Wirtschaft in der Spiritusindustrie", Berlin 1923—26, sagt Dr. Herbert Kühne jedenfalls, daß die Spiritusfabriken „ihre momentane Überlegenheit dazu ausgenutzt hatten, sich eine hohe, gesicherte Einnahmequelle zu schaffen"), und die Steuerkontrolle und Steuereinziehung hätten auch Unkosten verursacht, für die der Staat hätte Deckung schaffen müssen (die jetzigen Kontrollunkosten bezahlt das Monopol, siehe Größe u). Es ist dann die Frage, ob die Entschädigung der Spiritusfabriken für die Reinigungsarbeit und die damit verbundenen Aufgaben (r) zuzüglich der Kontroll- und Einziehungsunkosten (k) größer oder kleiner wird als die Monopolunkosten (u). Die Größe r schließt den Reingewinn der Spiritusfabriken ein, der bei einer Monopolordnung ganz oder teilweise dem Monopol zufließt (je nachdem das Monopol den Rohspiritus selbst rektifiziert oder diese Arbeit von privaten Betrieben unter näher festgesetzten Bedingungen ausführen läßt). Wenn das Monopol der Spirituszentrale ebenbürtig ist, wäre $r + k > u$. Ist dies dagegen nicht der Fall, arbeitet das Monopol nicht so billig wie die privaten Betriebe. Ist $r + k = u$ oder sogar $r + k < u$, geht der dem Verdienst der Spiritusfabriken entsprechende Betrag dem Staat (und damit auch den Verbrauchern) verloren. Soll ein Vergleich zwischen r und k auf der einen und u auf der anderen Seite vorgenommen werden, müssen die Auszahlungen der Spirituszentrale an die Mitglieder zwanzig Jahre vorgetragen und in Übereinstimmung mit den geänderten Lohnverhältnissen, Rohstoffpreisen etc. erhöht werden. Dasselbe gilt für die Kontroll- und Einziehungsausgaben des Reichs in den Tagen der Spirituszentrale. Aber selbst wenn eine solche Berechnung ausgeführt werden könnte, wäre der Unterschied in den Betriebsergebnissen damit nicht klargelegt. Es wäre noch zu untersuchen, ob die Arbeitsbedingungen des Monopols dieselben sind wie die der Spirituszentrale und ob die Unkosten sich jetzt aus denselben Elementen zusammensetzen wie die Unkosten der Zentrale. Das Monopol kann ja auch Opfer gebracht haben, um die Qualität der Ware zu verbessern. Es ist ferner nicht die Schuld des Monopols, daß der Staat durch zu kräftige Besteuerung (Monopoleinnahme) den Umsatz von Trinkspiritus herabdrückt und dadurch wiederum die Erzeugung des Monopols verteuert, indem die Generalunkosten des Monopols dann von einer geringeren Warenmenge getragen werden müssen, als dies bei der Spirituszentrale der Fall war. In den letzten drei Geschäftsjahren beliefen sich die Unkosten auf 24,70, 23,60 bzw. 29,10 RM pro verkauften Hektoliter reinen Alkohol oder durchschnittlich 25,80 RM pro Hektoliter, während die Spiritusfabriken bis zum Ausbruch des Weltkrieges wohl durchschnittlich einen Rohgewinn von 10,10 M pro Hektoliter reinen Alkohol gehabt haben (siehe vorstehende Übersicht über die Bewegung von „Verkaufspreis" bzw. „Verwertungspreis"). Die Zentrale setzte indessen bedeutend größere Mengen um, als es dem Monopol möglich gewesen ist, und das Geld hatte damals eine größere Kaufkraft als heute. Ferner ist der Reallohn seit dem ersten Jahrzehnt des Jahrhunderts zweifellos gestiegen, und die Kontroll- und Einziehungsunkosten des Reichs (k), die zu der Größe r zu addieren sind, würden jetzt ohne Zweifel auch höher gelegen haben als damals. An eigentlicher Rektifizierungsvergütung („Reinigungsprämie") empfingen die Spiritusfabriken als Durchschnitt der Jahre 1899/1900—1905/6 (siehe Tabelle 14 der statistischen Beilage im Buch Dr. Wassermanns) von 4,02 bis 4,82 M pro Hektoliter je nach der Größe des Betriebs. Die Ausgaben des Monopols auf diesem Konto (siehe vorstehend) liegen indessen nicht wesentlich höher, aber sie bestehen allerdings zum Teil aus Unkosten, die aus dem eigenen Reinigungsbetrieb des Monopols erwachsen sind, während die Beträge, welche von den Spiritusfabriken einkassiert wurden, einen Betriebsgewinn enthalten.

Alles in allem ist es sehr schwierig, hinsichtlich des Verhältnisses zwischen den Größen r, k und u zu einem sicheren Resultat zu gelangen. Gemessen an den Überschlagssummen, auf die die Rentabilitätsberechnung der Monopolvorlage basiert, hat sich das Monopol anscheinend gut bewährt. In dieser Berechnung werden für Transportunkosten, Reinigung und Zinsverlust in der Lagerungszeit insgesamt RM 9,55 pro Hektoliter reinen Alkohol angesetzt, wozu noch eine feste Gebühr (Grundgebühr) an die Reinigungsanstalten kommt, die zu RM 5,625,000 für 2,250,000 hl reinen Alkohol veranschlagt ist. Hätte das Monopol diese Beträge in den Geschäftsjahren 1928/29 und 1929/30 auf den genannten Konten anwenden können, würden die Ausgaben für Transport, Rektifizierung und Lagerung der in diesen Jahren empfangenen Rohspiritusmengen, nämlich 3,009,700 bzw. 2,741,800 hl reinen Alkohol, 36,266,885 bzw. 33,038,690 RM betragen haben. Die entsprechenden tatsächlichen Ausgaben können nicht genau angegeben werden, da die Posten, unter denen sie in den Abrechnungen des Monopols erscheinen, weitere Rahmen haben (sie umfassen „Frachten, Reinigungsgebühren, Vertriebsgebühren, Kohlen, Faß- und Lagermieten, Ausbesserung an Fässern und Kesselwagen, Umsatzsteuer usw."). Trotzdem sind diese Ausgabeposten wesentlich geringer als sie berechnet waren, nämlich 31,353,245 RM im Jahre 1928/29 und 27,347,011 RM im Jahre 1929/30, und hierbei ist zu berücksichtigen, daß das allgemeine Preisniveau zur Zeit, als der Monopolentwurf ausgearbeitet wurde, niedriger lag als jetzt. Andererseits wurden vielleicht nicht so große Mengen Rohsprit rektifiziert als erwartet wurde (in diesen beiden Geschäftsjahren 1,439,895 bzw. 1,185,032 hl reiner Alkohol), und früher oder später wird die erwähnte gewaltige Zunahme der Bestände sich in den Abrechnungen fühlbar machen. Möglicherweise werden sich bei einer Analyse der Unkostenkonten des Monopols Beweise für unpraktische und teure Verwaltung finden lassen, aber auf den ersten Blick scheinen die Ausgaben des Monopols nicht auffallend hoch zu sein. Die Schwierigkeiten, mit denen das Monopol im Augenblick zu kämpfen hat, liegen vielmehr in der eigentlichen Organisation des Monopols. Es ist genötigt, den landwirtschaftlichen Brennereien größeres Entgegenkommen zu zeigen als ökonomisch zu verantworten ist, und kann infolgedessen Produktion und Nachfrage nicht ins Gleichgewicht bringen. Was für das Monopol ein Nachteil ist, ist indessen ein Vorteil für die Brennereien, die somit keinen Grund haben, sich über die Monopolisierung des Handels mit Spiritus zu beklagen. Die Unkosten der Brennereien liegen gewiß wesentlich höher als vor dem Kriege, aber die Preise, zu denen sie mit dem Monopol abrechnen (siehe oben), übersteigen auch die der Spiritus-Zentrale (der höchste „Verwertungspreis" in der Periode 1899/1900 bis 1913/14 war 56,05 M im Gschäftsjahr 1904/05), hiervon muß aber noch die Betriebsauflage abgezogen werden, die die Brenner damals zu zahlen hatten. Die Preise müssen sich im übrigen automatisch nach den Herstellungskosten richten, deren wichtigstes Element die Kartoffelpreise sind, da nämlich das Monopolgesetz bestimmt, daß der Preis für Rohsprit („Branntweingrundpreis“) unter dem Gesichtspunkt festgesetzt werden muß, daß die Ausgaben des Brennereibesitzers gedeckt werden und er die Schlempe gratis hat („Der Branntweingrundpreis wird so festgesetzt, daß er die durchschnittlichen Herstellungskosten eines Hektoliters Weingeist in gut geleiteten landwirtschaftlichen Kartoffelbrennereien mittleren Umfangs deckt, wobei davon auszugehen ist, daß bei angemessener Verwertung der Kartoffeln die Schlempe dem Brennereibesitzer kostenfrei zur Verfügung bleibt“). Unter der früheren Ordnung konnte der Brennereibesitzer normalerweise auch nicht mehr erreichen (siehe die oben aufgestellten Betriebsabrechnungen zweier landwirtschaftlichen Brennereien) und hatte er endlich die Aussicht, in guten Jahren mehr zu verdienen, so mußte er andererseits in schlechten Jahren darauf vorbereitet sein, sich mit weniger zu begnügen. Ähnliches läßt sich von den übriggebliebenen privaten Spritfabriken sagen, die mit einer Beschäftigung zu recht stabilen Preisen (nach Vereinbarung mit dem Monopol) rechnen können, aber die Chancen des Kaufmanns verloren haben, Extraverdienste bei steigenden Preisen zu erzielen, wogegen sie freilich bei fallenden Preisen auch keinen Verlust erleiden können.

Die Frage ist somit, ob ein Monopol im gleichen Grade wie ein Privatmann sich bemühen wird, neue Verwendungsmöglichkeiten für Spiritus zu finden, sich in Bezug auf technischen Fortschritt auf der Höhe zu halten und diesen zu fördern und auch auf kaufmännischem Gebiet das beste zu leisten. Vieles deutet darauf, daß das Monopol dies tut und daß es jedenfalls in dieser Beziehung nicht hinter der Spiritus-Zentrale zurücksteht. Wenn das Monopol trotzdem nicht zufriedenstellend arbeitet, gemessen an nationalökonomischen und finanziellen Forderungen, so ist der Grund dafür allein der, daß es in seiner Eigenschaft als Staatsmonopol sich politischen Rücksichten unterordnen muß, die es daran hindern, die ökonomischen Gesetze zu befolgen.

Den Gesetzgebern sind indessen die Mängel der Monopolordnung nicht entgangen, und es ist lange davon die Rede gewesen, eine durchgreifende Revision des Monopolgesetzes vorzunehmen. Ein Entwurf zu einem Monopolgesetz, das in höherem Maße als das jetzt geltende dem Monopol ermöglichen würde, den umfassenden Betrieb nach rein kaufmännischen Prinzipien zu leiten, lag schon 1926 vor. Es gelang der Regierung indessen nicht, den Vorschlag im Reichstag zur Annahme zu bringen, und er hat seitdem geruht. Möglicherweise werden die wirtschaftlichen Schwierigkeiten, mit denen Deutschland jetzt zu kämpfen hat, der Forderung nach einer Änderung des Monopolgesetzes den nötigen Nachdruck verleihen.

III. Das schwedische Alkoholmonopol.

1. Die Vorgeschichte des Monopols.

In der Literatur über die Alkoholfrage wird Schweden oft als ein Land genannt, das in der Bekämpfung des Alkoholmißbrauchs an der Spitze steht. Lange bevor die meisten anderen Nationen dieser Frage ein besonderes Interesse entgegenbrachten, wurde in Schweden das Gotenburger-System geschaffen, dessen Namen und Wirkungsweise in der ganzen Welt bekannt ist. Es erhielt seinen Namen von der Stadt, in der es ins Leben gerufen wurde, und seine Grundidee durchdrang nach und nach die schwedische Gesetzgebung über alkoholische Getränke. Die Gründer des Gotenburger-Systems, ein Kreis philantropisch gesinnter Männer, waren durch Beobachtungen des Wirtshauslebens zu der Erkenntnis gelangt, daß das privatwirtschaftliche Interesse der Wirte, den Umsatz von alkoholischen Getränken und namentlich von Branntwein so sehr wie möglich zu steigern, eine der größten Gefahren für die Nüchternheit der Arbeiterbevölkerung in sich schloß. Die vielen mehr oder weniger scharf konkurrierenden Wirtshäuser wären deshalb durch einige wenige gut eingerichtete und gut geleitete Volksgasthäuser zu ersetzen, deren Leiter nicht entsprechend der Größe des Umsatzes entlohnt werden sollten und deren Betrieb im übrigen nach sozialen Gesichtspunkten zu geschehen hätte.

Der Gedanke fand Beifall, und nach Ablauf einer gewissen Anzahl von Jahren räumten die gesetzgebenden Körperschaften denjenigen Gesellschaften, die sich zur Verwirklichung dieser Idee gebildet hatten (gemeinhin als „Systembolag“ d. h. „Systemgesellschaften“ bezeichnet), eine Vorzugsstellung ein gegenüber den privaten Gewerbetreibenden auf dem Gebiet des Alkoholausschanks und -handels.

Der politische Einfluß der schwedischen Enthaltsamkeitsbewegung war in den Jahren kurz vor dem Weltkrieg in starkem Wachstum begriffen. Im Jahre 1911 wurde von der Regierung eine Nüchternheitskommission ernannt mit der Aufgabe.

einerseits eine Revision der gesamten Gesetzgebung über den Ausschank und Verkauf alkoholischer Getränke vorzubereiten und andererseits festzustellen, inwieweit und unter welchen Bedingungen ein Alkoholverbot durchführbar sei. Was die vorzubereitende Revision betraf, so sollte die Kommission in erster Linie ihre Aufmerksamkeit auf die Möglichkeit richten, in die Gesetzgebung Bestimmungen aufzunehmen, wonach ein Verkauf alkoholischer Getränke nur dort statthaft wäre, wo die Bevölkerung durch Abstimmung einen diesbezüglichen Wunsch zu erkennen gäbe (Local Option-System). Danach sollte die Kommission die Wirkungsweise des Gotenburger-Systems untersuchen und nötigenfalls Änderungsvorschläge für den Geschäftsgang des Systems und die Gesetzesbestimmungen stellen, die seiner Tätigkeit zugrunde lagen.

Letzterer Punkt interessierte in besonderem Grade eines der Kommissionsmitglieder, nämlich den später so bekannten Dr. Ivan Bratt, der unmittelbar vor der Bildung der Kommission in einigen Broschüren der Öffentlichkeit einen sehr gründlichen Vorschlag zur Reform des Gotenburger-Systems unterbreitet hatte. In Kürze gingen die Wünsche Dr. Bratts darauf hinaus, daß das Gotenburger System sich nicht wie bisher fast ausschließlich mit der Verbesserung der Ausschankverhältnisse befassen solle, sondern daß es sich auch für den Handel mit Branntwein und anderen Spirituosen zu interessieren habe, der in Wirklichkeit von dem System auf fast dieselbe Art betrieben wurde, wie dies seinerzeit bei den privaten Händlern der Fall gewesen war (zu diesem Zeitpunkt gab es keine selbständigen Privatleute mehr, die die Erlaubnis zum Detailverkauf von Branntwein und anderen destillierten Getränken besaßen). Außerdem solle das Gotenburger-System, um in möglichst hohem Grad dem Alkoholmißbrauch vorzubeugen, über sämtliche Käufer der betreffenden Getränkesorten genaue Kontrolle führen. Durch Zusammenarbeit mit Polizei, Armenfürsorge und anderen Behörden solle es Trunksüchtige und solche Personen, die gelegentlichen Mißbrauch mit alkoholischen Getränken trieben, von dem Recht, Branntwein zu kaufen, ausschließen.

Der Vorschlag Dr. Bratts erweckte großes Interesse und wurde innerhalb und außerhalb der Nüchternheitskommission lebhaft besprochen. Als die Systemgesellschaft, die in Stockholm arbeitete, Ende 1913 ihre Konzession erneuert haben sollte, bewarb sich Dr. Bratt, der inzwischen an die Spitze einer neugestifteten Gesellschaft, der A/B Stockholmssystemet, getreten war, um die Konzession für die dreijährige Periode von 1914 bis 1916, und sein Gesuch wurde von den Stockholmer Stadtverordneten genehmigt. Dr. Bratt unternahm sofort die nötigen Schritte zur Einführung der individuellen Kontrolle, wie die neue Ordnung genannt wurde. Schon vorher hatte die Systemgesellschaft in Gotenburg die individuelle Kontrolle der Verbraucher unter etwas anderen Formen ausgeübt, als die A/B Stockholmssystemet sie jetzt einführte. Aber solange die Kontrolle nur für einen kleinen Teil der Bevölkerung des Landes Gültigkeit besaß, konnte die Bedeutung des Systems als Mittel zur Hebung der Nüchternheit nicht beurteilt werden. In Übereinstimmung mit der Nüchternheitskommission trat jetzt jedoch der Staat hinzu und verpflichtete alle Systemgesellschaften des Landes zur Einführung der individuellen Kontrolle. Das Departement, dem die Kontrolle der Besteuerung alkoholischer Getränke und die Arbeit der Systemgesellschaften untersteht, die königliche Kontroll-Verwaltung (Kungl. Kontrollstyrelsen), unterstützte in den folgenden Jahren Dr. Bratt in der Durchführung eines gleichmäßigen individuellen Kontrollsystems im ganzen Lande. In der Zwischenzeit hatte sich der Reichstag mehrere Male mit dem Gesetzentwurf der Nüchternheitskommission über den Verkehr mit alkoholischen Getränken („Förordning angående försäljning av rusdrycker") beschäftigt, aber es war zwischen den beiden Kammern des Reichstags über den Entwurf in seiner vorliegenden Form zu keiner Einigung gekommen. Indessen kam 1917 zwischen beiden Kammern ein Kompromiß zustande, derart, daß die Bestimmungen über das Local Option-System aus dem Gesetzentwurf ausschieden und die leichteren Pilsnerbiersorten („Pilsnerdricka") nicht unter den Begriff „rusdrycker" („Rauschgetränke") fielen. Danach wurde unter dem 14. Juni 1917 das Gesetz über den Verkauf berauschender Getränke angenommen, das noch heute die Grundlage der schwedischen Alkoholordnung ist. Im Laufe der Jahre sind an den einzelnen Bestimmungen dieses Gesetzes eine lange Reihe von Änderungen vorgenommen worden, aber die Hauptprinzipien sind dieselben geblieben, wie sie bei Annahme des Gesetzes waren. Das Gesetz baut auf dem Gotenburger-System auf und bestrebt sich, dessen Rahmen zu erweitern, um dadurch so sicher wie möglich die Ausschaltung privatwirtschaftlicher Interessen am Ausschank und Verkauf alkoholischer Getränke zu erreichen. Privatleute können somit nur in ganz wenigen Ausnahmefällen (z. B. als Schiffsrestaurateure) das selbständige Recht erwerben, die von dem Gesetz umfaßten Getränke auszuschenken und zu verkaufen, und es wurde somit praktisch ein Kleinhandelsmonopol für Branntwein (und andere Spirituosen), Wein und starke Biersorten (die Grenze wurde bei 3,6 Volumenprozent Alkohol gezogen) in die Hände des Gotenburger-Systems gelegt. Das Gesetz enthielt die Bestätigung und die näheren Bestimmungen über die Pflicht der Systemgesellschaften, die Einkäufe der Verbraucher nach näherer Anweisung der königlichen Kontroll-Verwaltung (in Übereinstimmung mit den Gesichtspunkten und der praktischen Arbeit Dr. Bratts und der A/B Stockholmssystemet) zu überwachen.

2. Die Entstehung des Monopols.

Der Großhandel mit berauschenden Getränken und die Einfuhr von diesen war durch das Gesetz nicht auf gleiche Weise monopolisiert worden, aber Dr. Bratt hatte auf einem frühen Stadium seiner Arbeit zur Durchführung des Kontrollsystems erkannt, daß es schwierig sein würde, privaten Großhandel und Import mit monopolisiertem Kleinhandel zu vereinen. Er hatte deshalb im Einverständnis mit der Regierung gewisse Wein- und Spirituosengeschäfte von der A/B Stockholmssystemet ankaufen lassen und bei anderen mitgewirkt, daß sie in Aktiengesellschaften umgewandelt wurden, die man dann als Tochtergesellschaften der A/B Stockholmssystemet organisierte. Das von der Firma I. D. Grönstedt & Co. betriebene Geschäft (Handel mit Wein und Spirituosen sowie Punschfabrikation) wurde auf diese Weise der A/B I. D. Grönstedt & Co. übertragen, deren Aktien in Stamm- und Vorzugsaktien eingeteilt wurden. Erstere stellten nur einen bescheidenen Teil des Aktienkapitals dar, gaben aber den Besitzern das Recht auf eine so große Zahl von Stimmen bei der Generalversammlung der Gesellschaft, daß sie über die absolute Majorität verfügten. Die Besitzer der Vorzugsaktien hatten Anspruch auf eine maximale Gesamtdividende von 7% jährlich. Die Stammaktien verblieben bei der A/B Stockholmssystemet, die in den folgenden Jahren unter entsprechenden Formen die Aktiengesellschaften Carlshamns Punschfabriksaktiebolag und A/B I. Cederlunds Söner gründete.

Die Hauptlieferanten der A/B Stockholmssystemet und der übrigen Systemgesellschaften waren jedoch nicht die privaten Wein- und Spiritus-Importeure, sondern es war im Gegenteil die inländische Spiritusindustrie, die die hauptsächlichen Verbrauchsartikel, die gewöhnlichen Branntwein- und Aquavitsorten lieferte. So wie die Verhältnisse sich innerhalb dieses Industriezweiges entwickelt hatten, war es für Dr. Bratt und die A/B Stockholmssystemet nicht schwierig, ein Großhandelsmonopol für Spiritus inländischen Ursprungs zu schaffen, da sich nämlich die Spritfabriken, die von den Brennereien die Rohspritproduktion übernahmen, um diese zu rektifizieren und in Trinksprit zu verwandeln, bereits in den Jahren vor dem Kriege zu einem Kartell zusammengeschlossen hatten. An der Spitze dieses Kartells stand Reymersholms Gamla Spritförädlings-Aktiebolag, entstanden durch den Zusammenschluß von 6 Spiritusfabriken. Den leitenden Persönlichkeiten des alten Gotenburger-Systems fehlte nicht der Blick für die ihrem System gefährlichen Seiten der Kartellbildung. Der Reichstag versuchte auch, die Stellung des Systems gegenüber dem Zusammenschluß der Spritfabriken zu stärken, indem er der königlichen Kontroll-Verwaltung das Recht verlieh, Aufsicht über die Dispositionen der Gesellschaften zu führen und ihnen nötigenfalls aufzuerlegen, daß sie ihre Einkäufe gemeinsam mit einem zu diesem Zweck errichteten Preis- und Einkaufsamt als Vermittler zu tätigen hätten. Hierdurch entstand andererseits teils bei den Spritfabriken, teils bei den privaten Wein- und Spirituosenhändlern eine Art Unsicherheit über ihre Zukunft, und hierdurch wurde Dr. Bratt der entscheidende Schritt erleichtert, nicht nur ein Großhandels- und Einfuhrmonopol, sondern auch ein Reinigungsmonopol zu schaffen. Die mit Reymersholms Gamla Spritförädlings-Aktiebolag eingeleiteten Verhandlungen führten am 10. August 1917 zu einer Vereinbarung mit dieser Gesellschaft, daß deren gesamter Rektifizierungs- und Handelsbetrieb an eine neue Gesellschaft, die A/B Vin- & Spritcentralen, übergehen sollte. Diese trat sofort in Tätigkeit, konstituierte sich aber erst am 17. Oktober desselben Jahres. Der neuen Gesellschaft wurden von der A/B

Stockholmssystemet daraufhin die Stammaktien der vorgenannten Gesellschaften übergeben, die dadurch als Tochtergesellschaften der A/B Vin- & Spritcentralen galten. In der Zwischenzeit hatte die A/B Stockholmssystemet eine neue Anzahl von Wein- und Spirituosengeschäften aufgekauft, und seit dem Frühsommer 1918 lag der Wein- und Spirituosenhandel praktisch nicht mehr in den Händen von privaten Geschäftsleuten. Da die neue Situation an und für sich die Tätigkeit der Weinagenten überflüssig machte, wurde ein Teil ihrer Geschäfte in Aktiengesellschaften umgewandelt, die ebenfalls der A/B Vin- & Spritcentralen als Tochtergesellschaften angegliedert wurden. Dieses große Unternehmen bildete also zusammen mit seinen Tochtergesellschaften einen Konzern, der den gesamten inländischen Rektifizierungsbetrieb, die Einfuhr von Sprit, Spirituosen und Wein, sowie den Engros-Handel mit Wein und Sprit inländischen und ausländischen Ursprungs in sich vereinigte.

3. Die Organisation des Monopols.

Das Aktienkapital der Gesellschaft durfte satzungsgemäß höchstens 24 Millionen Kronen betragen. Es sollten teils Stammaktien, teils Vorzugsaktien ausgestellt werden. Die Zahl der letzteren sollte jederzeit mindestens $^1/_{50}$ des gesamten Kapitals betragen. Nach Ausbezahlung von höchstens 7% Dividende an die Besitzer der Präferenzaktien fiel der ganze restliche Reingewinn den Stammaktien zu, die bis auf weiteres der A/B Stockholmssystemet verblieben. Von ihr ging der Reinertrag an die Staatskasse weiter, entsprechend der Maßgabe, daß die Gesellschaft ebenso wie die übrigen Systemgesellschaften nur höchstens 5% an ihre eigenen Aktionäre ausschütten durfte und den ganzen Rest dem Staat überlassen mußte. Im übrigen waren die Besitzer der Stammaktien auf der Generalversammlung der A/B Vin- & Spritcentralen immer in der Majorität, da jede Stammaktie das Recht auf 50 Stimmen gab, während jede Präferenzaktie nur eine Stimme repräsentierte. Der größte Teil des Reinertrags der Tochtergesellschaften ging nach den gleichen Regeln über das Stammaktienkapital von A/B Vin- & Spritcentralen an die A/B Stockholmssystemet und von da an die Staatskasse weiter.

4. Verstärkter Einfluß des Staats auf das Monopol.

Die A/B Stockholmssystemet hatte diese allumfassende Organisation geschaffen, ohne darin durch die Bestimmungen des Gesetzes vom 14. Juni 1917 über die Regelung des Großhandels gestützt zu sein. Nach dem Gesetz konnte die königliche Kontroll-Verwaltung nämlich an und für sich jeder Person, die gewisse näher bezeichnete Qualifikationen besaß, das Recht erteilen, Großhandel zu treiben. Formell konnte nach den Grundlagen des Gesetzes ein Großhandels- und Einfuhrmonopol also garnicht geschaffen werden, aber da die königliche Kontroll-Verwaltung auf verschiedene Weise selbst mitgewirkt hatte, dieses tatsächliche Monopol zu schaffen, das die A/B Vin- & Spritcentralen ausübte, war es wenig wahrscheinlich, daß diese Behörde Privatleuten die Erlaubnis zum Engros-Handel mit Wein und Spirituosen geben würde. Im Kreise der Reichstagsmitglieder wurde es indessen von vielen als ein Mangel empfunden, daß die neue Regelung nicht fest in der Gesetzgebung verankert war und daß der Staat keine gesetzmäßige Handhabe besaß, die Tätigkeit des Konzerns zu kontrollieren. Zwar hatte sich die A/B Stockholmssystemet mit Schreiben vom 15. August 1917 gegenüber dem Chef des Finanzdepartements verpflichtet, die Stammaktien des Konzerns nicht zu veräußern und ferner, sobald der Staat es wünschen sollte, diesem sämtliche Stammaktien zum Parikurs oder zu dem Preis, den die Gesellschaft für sie bezahlt hatte, zu überlassen. Aber es ließ sich doch nicht vermeiden, daß viele Dispositionen der A/B Vin- & Spritcentralen in der Öffentlichkeit kritisiert wurden, selbst wenn sich in mancher Beziehung sagen ließ, daß die Monopolisierung des Großhandels mit Wein und Spirituosen für die Verbraucher von Vorteil war. Hierzu wirkte auch die enge Verbindung der Gesellschaft mit der ganzen Tätigkeit der A/B Stockholmssystemet und Dr. Bratts mit, die in weiten Kreisen der Bevölkerung, namentlich in Stockholm, nicht geringen Widerstand hervorgerufen hatten. Dr. Bratt fand bei der Enthaltsamkeitsbewegung nur bedingte Unterstützung, und obgleich manche, die außerhalb dieser Bewegung standen, der Meinung waren, daß die individuelle Kontrolle die Probe der ersten Jahre besonders gut bestanden hatte, war das System doch keineswegs beliebt. Die Schritte, die Dr. Bratt unternahm, um das Machtgebiet und den Einfluß sowohl der A/B Stockholmssystemet als auch der A/B Vin- & Spritcentralen zu erweitern, gaben neuen Stoff zu Angriffen auf das System. Dadurch, daß er Restaurant- und Hotelbetriebe in Stockholm von der A/B Stockholmssystemet und der A/B Vin- & Spritcentralen übernehmen ließ, gab Dr. Bratt sich auch insofern eine Blöße gegenüber seinen Gegnern, als diese nun behaupten konnten, daß das System die Grenzen überschritt, die ihm durch seinen Zweck gezogen waren. Jahr für Jahr beschäftigt sich somit die Presse dauernd mit dem Geschäftsgang und den Dispositionen der beiden Gesellschaften. Auch im Reichstag ist die Durchführung und Auswirkung des Systems ein immerwährender Gegenstand der Diskussion, und die Anhänger der Enthaltsamkeitsbewegung, die das individuelle Kontrollsystem mit Mißtrauen betrachten, stellten im Verein mit den Fürsprechern der Gewerbefreiheit, Dr. Bratts erklärten Gegnern, die Forderung auf, daß die Tätigkeit des Konzerns der regelmäßigen Aufsicht des Staats unterworfen werde. Als Ergebnis der Verhandlungen, Äußerungen, Vorschläge und Berichte des Reichstags wurde endlich im Jahre 1923 ein Gesetz angenommen, durch das die Bestimmungen des Gesetzes vom 14. Juni 1917 über den Verkauf von berauschenden Getränken, welch letzteres die Bedingungen enthält, unter denen Engroshandel getrieben werden darf, geändert wurden (Gesetz vom 8. Juni 1923). Hiernach können nur solche Gesellschaften, die in Übereinstimmung mit den Grundsätzen des Gotenburger-Systems organisiert sind, das Recht zum Großhandel mit Spirituosen und Wein erlangen. Dieses Recht kann jedes Mal nur für einen Zeitraum von 5 Jahren erteilt werden. An die Aktionäre darf ein Betrag ausbezahlt werden, der normaler Verzinsung des Aktienkapitals entspricht („skälig ränta å de av delägarna tillskjutna kontanta medel"). Wenn die Gesellschaft nach Verwendung näher bestimmter Beträge für Abschreibungen und Rücklagen (die diesbezüglichen Vorschläge müssen vom König gebilligt werden) und nach Ausbezahlung der festgesetzten Maximaldividende an die Aktionäre ihren Reinertrag nicht verbraucht hat, ist der Rest an den Staat abzuführen. Ferner knüpft der Staat an die Erteilung der Konzession zum Großhandel mit Spiritus und Wein die Bedingung, daß er ermächtigt wird, die Mehrzahl der Vorstandsmitglieder der Gesellschaft zu ernennen („åt Staten beretts övervägande inflytande å bolagets ledning"). In einer zwischen der Regierung und der Gesellschaft getroffenen Übereinkunft über die Richtungslinien der Tätigkeit der Gesellschaft etc. soll der König der Gesellschaft die Erklärung geben können, daß keine anderen Unternehmen während der Konzessionsperiode der Gesellschaft zum Großhandel mit Spiritus und Wein zugelassen werden.

Die A/B Vin- & Spritcentralen beantragte unter dem 29. September 1923 die Konzession für das Jahrfünft vom 1. Januar 1924 bis 31. Dezember 1928. Der Antrag wurde bewilligt und am 26. Oktober 1923 wurde zwischen dem Staat und der Gesellschaft ein Vertrag abgeschlossen, der eine im Jahre 1920 zwischen dem Staat und der A/B Stockholmssystemet getroffene Vereinbarung bestätigte, wonach die Gesellschaft die Stammaktien der A/B Vin- & Spritcentralen einem Konsortium von 10 Personen übergibt, von denen jede für sich dem Staate gegenüber die Verpflichtung übernimmt, die Aktien, die gleichmäßig auf sie verteilt werden, nicht an andere zu verkaufen als an den Staat. Ferner verpflichten sie sich, falls der Staat die Aktien zu erwerben wünscht, diese zum Parikurs zuzüglich 7% Zinsen für den Zeitraum von der letzten Dividendenausschüttung bis zum Ablieferungstage an den Staat abzutreten. Dem neuen Gesetz entsprechend erfuhr der Einfluß des Staats auf die Leitung der Gesellschaft eine bedeutende Steigerung. Der Staat setzte außerdem in die Direktion einen diensthabenden Direktor ein mit der Aufgabe, darüber zu wachen, daß öffentliche Interessen von der Gesellschaft nicht vernachlässigt würden.

Der Vertrag verpflichtet die Gesellschaft, ihre Beziehungen zu gewissen näher bezeichneten Tochtergesellschaften abzuwickeln, sobald die Regierung dies verlangt. Die Gesellschaft kann dies tun, ohne einen größeren Verlust dabei zu erleiden, und muß sich künftighin darauf beschränken, mit Spiritus und Wein zu handeln in Verbindung mit der Fabrikation und Behandlung dieser Getränke. Dies bedeutete eine Kapitulation der Gesellschaft vor den Angriffen, die sie durch Erweiterung ihres Tätigkeitsfelds Mal für Mal auf ihr Haupt herabbeschworen hatte. Die Kritik verstummte trotzdem nicht, und auch die folgenden Jahre sind von Unruhe erfüllt. Ein Mitglied der zweiten Kammer des Reichstags, das sich ständig mit den Zuständen der A/B Vin- & Spritcentralen beschäftigt, fühlt sich offenbar keineswegs davon überzeugt, daß die Gesellschaft

„größtmögliche Sparsamkeit im täglichen Betrieb übt, ihre Preise auf korrekte Art festsetzt und bei den Einkäufen im Ausland einzelne Handelshäuser weder begünstigt noch zurücksetzt“, indem er 1926 beantragt, daß die Regierung Sachverständige ernennt, die eingehend untersuchen sollen, ob dieses zutrifft. Der Antragsteller hatte die Seiten der Monopoltätigkeit berührt, die unleugbar vom Staat genau kontrolliert werden müssen, weil für eine Monopolleitung hier die Versuchung besteht, ihre Machtstellung zu mißbrauchen. Dem Antrag wurde jedoch nicht stattgegeben, da erst einige Jahre vorher (in Verbindung mit der Gesetzänderung 1923) eine Untersuchung der Zustände der Gesellschaft stattgefunden hatte und da der Staat jetzt in der Leitung der Gesellschaft sehr stark repräsentiert war. Der Antrag ist jedoch ein charakteristischer Beweis für die wenig freundliche Haltung, die ein großer Teil der Öffentlichkeit gegen die Gesellschaft einnimmt.

5. Erneuerung der Monopolkonzession.

Es dauerte auch nicht lange, bis neue Wünsche nach einer Untersuchung laut wurden. Als Vorbereitung zur Behandlung des Antrags auf Erneuerung der Konzession, die von der A/B Vin- & Spritcentralen vor Ablauf der fünfjährigen Periode zu erwarten war, setzte die Regierung unter dem 12. November 1926 ein Komitee von fünf Mitgliedern ein (von denen vier Reichstagsabgeordnete waren). Sie sollten sich darüber äußern, wie die staatliche Kontrolle der Tätigkeit der A/B Vin- & Spritcentralen und A/B Svenska Tobaksmonopolet zweckmäßig auszuüben sei. Die aus diesem Anlaß vorgenommene eingehende Untersuchung ergab für die erstgenannte Gesellschaft, daß das Komitee, das sich Monopolkontrollutredningen nannte, bei der Regierung eine neue Konzession für die A/B Vin- & Spritcentralen ab 1. Januar 1929 befürwortete unter der Voraussetzung, daß die Organisation der Gesellschaften in mehreren Punkten geändert würde. In dem Entwurf zu einem Vertrag zwischen Staat und Gesellschaft legte das Komitee seine diesbezüglichen Vorschläge dar. Im Prinzip wich dieser Vertragsentwurf nicht sonderlich von dem bisher geltenden Vertrag ab, aber die Arbeit des Monopolkomitees erregte trotzdem große Aufmerksamkeit, weil sie, entgegen den Wünschen der Gesellschaft, der Öffentlichkeit Einblick in den ganzen Geschäftsgang der Gesellschaft gab („Monopolkontrollutredningens betänkande angående anordnandet av den statliga kontrollen av Aktiebolaget Vin- & Spritcentralen's verksamhet", Stockholm 1928), wodurch die Gesellschaft freilich Gelegenheit bekam, der Öffentlichkeit zu beweisen, daß sie nach allgemeinen kaufmännischen Grundsätzen geleitet worden war. Indessen war das Komitee keineswegs mit den bestehenden Organisationsverhältnissen zufrieden und bemerkte, nicht ohne Mißbilligung im Ton, daß die Direktion eine sehr große Handlungsfreiheit („en mycket stor handlingsfrihet") besessen habe (besonders im Jahre 1923, als der Vertrag mit dem Staat abgeschlossen wurde), und daß es vielleicht für die Gesellschaft von Nutzen gewesen wäre, wenn die Direktion sich eine größere Begrenzung auferlegt hätte („styrelsen ålagt sig en större begränsning"). Diese Bemerkungen zielen auf den obenerwähnten Erwerb von Unternehmen, die außerhalb des eigentlichen Rahmens des Spirituosen- und Weinhandels und der Spritfabrikation liegen und derentwegen sich ein großer Teil der Öffentlichkeit vor die Brust gestoßen fühlte. Es ging auch klar aus dem Rechnungsmaterial, das vom Komitee geprüft worden war, hervor, daß dieser Teil der Tätigkeit der Gesellschaft Verluste gebracht hatte (womit jedoch nicht gesagt sein soll, daß die Handlungsweise der Gesellschaft unbedingt falsch war).

Erst 1930 wurden die Verhandlungen zwischen Regierung und Gesellschaft, die aus Anlaß des Komiteeberichts eingeleitet worden waren, zum Abschluß gebracht. Die Konzession der Gesellschaft, die 1929 durch Reichstagsbeschluß vorläufig bis Ausgang 1930 verlängert worden war, erhielt nun eine sechsjährige statt wie bisher eine fünfjährige Gültigkeit und läuft infolgedessen bis zum 31. Dezember 1936. In dem neuen Vertrag, der unter dem 15. Oktober 1930 geschlossen wurde, bestätigt die Regierung die Machtverteilung in der Gesellschaftsleitung zwischen den vom Staat ernannten und den von der Gesellschaft selbst gewählten Direktionsmitgliedern. Hingegen änderte der Vertrag die Bestimmungen über die Wahl von Revisoren und strich die Stellung des diensttuenden Direktors. Das Komitee hatte der Regierung empfohlen, zu veranlassen, daß die Gesellschaft eine Art Konvertierung der Stammaktien und Präferenzaktien vornehmen solle. Dementsprechend löste die Gesellschaft im Einverständnis mit der Regierung per 31. Dezember 1930 ihre gesamten Präferenzaktien mit Anspruch auf 7% jährliche Dividende ein und setzte gleichzeitig die Maximaldividende der Stammaktien auf jährlich 5½% fest. Das Präferenzaktienkapital wurde nun um 5,000,000 Kr. vermindert, nämlich von 19,600,000 Kr. auf 14,600,000 Kr., während das Stammkapital unverändert 400.000 Kr. betrug. Um den Beschluß zur Herabsetzung der Höchstdividende der Vorzugsaktien zu mildern, übernahm der Staat die Garantie, daß auf jeden Fall eine Dividende von 5% ausbezahlt würde. Im übrigen wurden sämtliche Präferenzaktien dem Pensionsversicherungsfonds übergeben, so daß sie dem freien Markt entzogen wurden. Die Stammaktien verblieben nach wie vor dem Konsortium von 10 Mitgliedern, das sich unter dem 26. Januar 1931 dem Staat gegenüber erneut verpflichtete, die Aktien, wann immer es verlangt werden würde, der Regierung zum Parikurs zur Verfügung zu stellen und sie nicht an andere zu verkaufen als an die Regierung selbst oder solche Personen, die von der Regierung zum Kauf ermächtigt würden.

Die Gesellschaft hat übrigens in ihrem Jahresbericht für 1930 nähere Aufschlüsse gegeben über die im Gefolge der Konzessionserneuerung durchgeführten Änderungen sowohl in Bezug auf die Vereinbarungen mit dem Staat als auch über die Statuten der Gesellschaft („Bolagsordning"), die Geschäftsordnung der Direktion u. ä. m. Diese Aufschlüsse sind dem neuen Vertrag mit der Regierung als Anlagen beigedruckt.

6. Die Preispolitik und der Verdienst des Monopols.

In Anbetracht dessen, daß die A/B Vin- & Spritcentralen gewissermaßen zur Abrundung des Detailverkaufsmonopols geschaffen worden war, das der erweiterten Tätigkeit des Gotenburger-Systems und der individuellen Kontrolle zu Grunde liegt, brauchte das Monopol an und für sich keine höheren Verkaufspreise festzusetzen, als zur Deckung aller seiner Unkosten und zur Verzinsung des Anlagekapitals entsprechend den Konzessionsbestimmungen notwendig war. In dieser Beziehung unterscheidet sich das schwedische Monopol von den gewöhnlichen Finanzmonopolen, die beim Verkauf der Waren eine Steuer erheben und an die Staatskasse sowohl den Teil des Warenpreises, der der Steuerleistung entspricht, als auch ihren Geschäftsgewinn abführen. Das Komitee von 1928 schlug dementsprechend vor, daß im Vertrag der Gesellschaft mit dem Staat ausdrücklich gesagt werde, die Gesellschaft solle beim Verkauf von alkoholischen Getränken „die Preisbestimmung derart einrichten, daß sie mit Sicherheit höchstens einen solchen Verdienst aus ihrem Betriebe herauswirtschaftet, daß sie nach den gebührenden Abschreibungen und Rücklagen die Ausschüttung der Dividende in Übereinstimmung mit den Bestimmungen der Statuten vornehmen könne" („tillämpa sådana prissättningsgrunder, att bolaget med säkerhet beredes högst sådan inkomst av rörelsen, att bolaget må efter vederbörlig avskrivning och avsättning til fonder kunna lämna utdelning åt aktieägarna i enlighet med bestämmelserna i bolagsordningen"). Die Regierung schloß sich jedoch diesem Vorschlag nicht an, und der entsprechende Passus des Vertrages erhielt folgenden Wortlaut: „daß beim Verkauf von alkoholischen Getränken die Preisbestimmung derart einzurichten sei, daß die konsumierende Bevölkerung vor einer ungehörigen Verteuerung der Waren geschützt werde und daß gleichzeitig die Gesellschaft einen angemessenen Verdienst aus ihrem Betriebe herauswirtschaftet" („att vid försäljning av alkoholhaltiga drycker tillämpa sådana prissättningsgrunder, att den konsumerande allmänheten skyddas mot obehörig fördyring av varorna, på samma gång som åt bolaget beredes skälig inkomst av rörelsen"). So wie der Vertrag formuliert wurde, brauchte die Gesellschaft ihre Preispolitik nicht zu ändern. Sie hat wohl immer die Auffassung vertreten, die auch vom Komitee geteilt wurde, daß der Staat, wenn er den Alkoholkonsum als Einnahmequelle benutzen will, sich die gewünschten Beträge durch Erhebung von Verbrauchs- und Umsatzsteuern verschaffen soll, aber sie hat sich aus kommerziellen Gründen bei der Preisbestimmung einen gewissen Spielraum vorbehalten müssen und dadurch einen nicht unbedeutenden Überschuß erzielt.

Der Vorschlag des Komitees war in der Praxis auch unanwendbar, weil das Monopol nicht so genau die Preise und die Größe des Umsatzes berechnen kann, daß ein bestimmtes Resultat erreicht werde. Das Monopol kann auch nicht mit häufig wechselnden Preisen arbeiten, und der Staat kann auch nicht die Steuersätze entsprechend den Schwingungen der Betriebsergebnisse des Monopols stets ändern. Wenn zum Beispiel das Monopol durch Betriebsersparnisse und erhöhte Arbeitsleistung höheren Gewinn als früher erzielt, hat der Staat bei der jetzigen Regelung unmittelbar den Vorteil davon.

Die Reichstagsverhandlungen über den Entwurf der Regierung zur Änderung der Gesetzbestimmungen über den Engros-Handel mit Spiritus und Wein führten denn auch, was diesen Punkt betrifft, zu einem Kompromiß zwischen den prinzipiellen Gesichtspunkten des Komitees, die der Reichstag teilte, und den praktischen Erwägungen, die der Finanzminister (im Einklang mit A/B Vin- & Spritcentralen) in seinem Vorschlag geltend gemacht hatte. Wenn es nicht zu vermeiden ist, daß das Monopol einen Überschuß erzielt, muß der Staat jedenfalls dafür sorgen, daß dieser Überschuß einen gewissen Betrag, dessen Höhe Jahr für Jahr im Budget des Staates festgesetzt wird, nicht übersteigt, und die Gesellschaft muß folglich, um immer imstande zu sein, die festgesetzten Überschüsse an den Staat abzuführen, einen Überschußausgleichsfonds schaffen. Nach dem Wunsche des Reichstags soll die Preispolitik der Gesellschaft darauf ausgehen, „daß die Gesellschaft jedes Jahr einen so großen Gewinn erzielt, daß dieser nach Abzug der Dividende und eventueller Rücklagen dem im Reichsbudget errechneten Gewinn so nahe wie möglich kommt. Im Hinblick auf den Umfang des Betriebs wird es der Gesellschaft kaum möglich sein, sich mit dem im Memorandum des Departementschefs ausgesprochenen Wunsch nach einer stabilen Preispolitik vor Augen genau den Gewinn zu sichern, der dem im Reichsbudget errechneten entspricht. Um es der Gesellschaft zu ermöglichen, eine beweglichere Preispolitik zu führen und sowohl die errechneten Zahlungen an die Staatskasse als auch die Dividendenausschüttung an die Aktionäre sicherzustellen, soll die Gesellschaft einen Gewinn- und Preisregulierungsfonds errichten, an den die Überschüsse abzuführen sind. Die Größe dieses Fonds muß indessen begrenzt sein, und der Reichstag hat deshalb vorgeschlagen, daß er sich auf höchstens 10 Millionen Kronen belaufen darf.“

Im Geschäftsbericht für 1930 hat die Gesellschaft dementsprechend zum ersten Mal einen Betrag (4,400,000 Kr.) für diesen Fonds aufgeführt, und infolgedessen liegt der Überschußbetrag (2,924,283,82 Kr.), der an die Staatskasse gezahlt werden kann, bedeutend unter der Zahlung von 1929 (7,091,611,74 Kr.). Rechnet man die Zahlungen der Tochtergesellschaft A/B I. D. Grönstedt & Co. hinzu, so hat der Staat am Engros-Handelsmonopol in Form von Betriebsüberschüssen im Jahre 1930 5,008,735,75 Kronen verdient gegen 8,847,109,34 Kronen im Jahre 1929. Im Jahre 1931 macht die Rücklage zum Gewinn- und

Preisregulierungsfonds nur die Hälfte des 1930 hierfür verwendeten Betrages aus, und infolgedessen steigt die Einnahme des Staats aus dem Monopol wieder. Um die Großhandelsorganisation zu vereinfachen, trat die A/B I. D. Grönstedt & Co. Ende 1930 in Liquidation, und die A/B Vin- & Spritcentralen führte den Betrieb der Gesellschaft weiter. Schon aus formellen Gründen stand daher zu erwarten, daß der Überschuß der A/B Vin- & Spritcentralen steigen würde, und im neuen Jahre wirkt sich außerdem die Herabsetzung der Höchstdividende an die Aktionäre aus. Das Jahr 1931 schließt denn auch mit einem Reingewinn von 13,065,116 Kr. ab (Verdienst abzüglich Ausgaben für Zinsen, Pensionslasten, Abschreibungen, Einkommensteuern etc.), wovon der Staat 9,191,116,67 Kr. erhielt. Im Jahre 1930 waren die entsprechenden Zahlen (A/B Vin- & Spritcentralen und A/B I. D. Grönstedt & Co.) 11,954,350,75 und 5,008,735,75 Kr.

Aus nachfolgenden Bilanzkonten sind (in abgerundeten Zahlen) die im Betrieb der A/B Vin- & Spritcentralen angelegten Kapitalien (feste und bewegliche) per 31. Dezember 1931 ersichtlich:

Immobilien	11.744.300,—	Kr.
Maschinen und Inventar	1.547.200,—	„
Warenlager	30.248.900,—	„
Außenstände	13.579.500.—	„
Kassen- und Bankbestände	10.903.800.—	„
Aktien in Tochtergesellschaften, Anleihen gegen Pfand in Grundstücken etc.	281.500,—	„
Zusammen Aktiva	68.305.200,—	Kr.
Abzüglich Reingewinn des Jahres	13.065.100,—	„
	55.240.100,—	Kr.

Im Verhältnis zu dem im Unternehmen investierten Kapital (eigene Mittel der Gesellschaft und fremde), das Ende 1931 ca. 46 Mill. Kr. betrug (nämlich Aktienkapital 15 Mill., Reserve-, Pensions- sowie Überschuß- und Preisausgleichsfonds 20,4 Mill., Rücklage für Steuern 5,9 und Prioritäts- und andere Anleihen 4,7 Mill. Kr.), machte der 1931 erzielte Reingewinn 28,4% aus. Die Dividende an die Aktionäre betrug insgesamt 674,000 Kr. (teils 5, teils 5½%), und es wurde außer der vorerwähnten Rücklage an den Überschuß- und Preisausgleichsfonds (2,200,000 Kr.) dem Reservefonds 1,000,000 Kr. überwiesen.

7. Die Tätigkeit des Monopols.

Das Verhältnis zwischen Totalumsatz, Unkosten, Nettogewinn, Aktiendividende und Auszahlung an den Staat im Laufe der letzten 5 Jahre geht aus nachfolgenden Zahlen hervor, die ebenso wie die obigen Zahlen dem Jahresbericht der A/B Vin- & Spritcentralen entnommen sind:

A/B Vin- & Spritcentralen mit Tochtergesellschaft A/B I. D. Grönstedt & Co. (bis 1931 einschließlich):

	Totalumsatz (einschl. Fabrikationsabgabe für Spiritus sowie Zoll, doch ohne Umsatzsteuer)	Betriebs-Unkosten	Reingewinn aus dem Betrieb	Dividende an die Aktionäre	An den Staat abgeführt
	Mill. Kr.	Mill. Kr.	Mill. Kr.	Mill. Kr.	Mill. Kr.
1927	85,5	10,9	12,7	1,8	7,8
1928	87,4	10,5	10,4	1,8	6,3
1929	87,5	10,2	12,0	1,7	8,8
1930	89,3	10,2	13,4	1,5	5,0
1931	88,1	9,1	14,6	0,7	9,2

Hiernach hat das Monopol im Durchschnitt dieser 5 Jahre, die die Tabelle umfaßt, einen Betriebsgewinn aus seiner Fabrikations- und Handelstätigkeit von 41,3% der für die Beschaffung und Behandlung von Waren gebrauchten Beträge zu verzeichnen, unter Zugrundelegung nachfolgender Rechnungsaufstellung:

	Warenbeschaffungskonto (einschl. Fabrikatabgabe für Sprit sowie Zoll. Verpackung, Flaschen, Korken etc.)	Bruttoeinnahme	Bruttogewinn		Abzüglich Unkosten für Behandlung und Versendung der Waren	Einkommensteuer	Reingewinn aus dem Betrieb	
	Mill. Kr.	Mill. Kr.	absolut Mill. Kr.	in %	Mill. Kr.	Mill. Kr.	absolut Mill. Kr.	in %
1927	58,4	85,5	27,1	46,4	10,9	3,5	12,7	21,8
1928	61,5	87,4	25,9	42,1	10,5	5,0	10,4	16,9
1929	62,1	87.5	25,4	40,9	10,2	3,2	12,0	19,3
1930	64,6	89,3	24,7	38,2	10,2	1,1	13,4	20,7
1931	63,3	88,1	24,8	39,2	9,1	1,1	14,6	23,1
Durchschnitt:	62,0	87,6	25,6	41,3	10,2	2,8	12,6	20,3

Außer dem im Betriebe erzielten Gewinn hat das Monopol Einnahmen aus Aktienbesitz und gelegentliche Einnahmen außerordentlicher Art gehabt (z. B. in 1931 346,689,89 Kr. Steuerrückzahlung). Diese Einnahmen sind auf dem Gewinn- und Verlustkonto für Abschreibungen etc. benutzt worden und somit in dem vorstehend als Reingewinn aufgeführten Betrag enthalten.

Während sich der Bruttogewinn von 46,4% des Anschaffungswerts in 1927 auf 39,2% in 1931 gesenkt hat, ist der Nettogewinn gleichzeitig von 21,8% des Anschaffungswerts in 1927 auf 23,1% in 1931 gestiegen. Der Nettogewinn macht also jetzt einen größeren Prozentsatz des Bruttogewinns aus, als das im Jahre 1927 der Fall war. Diese Verschiebung stammt von den Ersparnissen auf dem Unkostenkonto, die im wesentlichen die Einbuße des Bruttogewinns von 1927 bis 1931 ausgeglichen haben. Berechnet per verkauften Liter ohne Rücksicht auf Warenart und Alkoholstärke liegt der Anschaffungspreis 1931 etwas unter dem entsprechenden Preis im Jahre 1927 (146 gegen 151 Öre), während der durchschnittliche Verkaufspreis jetzt nicht unwesentlich niedriger liegt als damals (210 gegen 221 Öre). Die Gesellschaft hat einige Preisreduktionen vorgenommen, und ferner haben Kursschwankungen auf die Zahlen eingewirkt.

Obgleich die Jahresberichte der Gesellschaft einen Reichtum an statistischem Material bringen zur Beleuchtung von Umfang und Zusammensetzung des Verkaufs, von Höhe und Verteilung der Unkosten, von Bruttogewinn, Überschüssen usw., sind die geschäftlichen Resultate der Gesellschaft aus dem Spritumsatz dennoch nicht genau erkennbar, da das Monopol ja nicht ein Spiritusmonopol, sondern ein Spiritus- und Weinmonopol ist.

Die beiden Wirtschaftszweige, die im schwedischen Monopol vereinigt sind, sind so verschiedenartig, daß sich bei einer allgemeinen Überprüfung der Verhältnisse, die der Einkaufs- und Umsatzstatistik zugrunde liegen, nicht ermitteln läßt, welche Gewinne einerseits der Weinhandel, andererseits die Herstellung und der Vertrieb von Trinkspiritus einbrachten. Im Jahre 1930 verkaufte das Monopol 26,428,500 Liter Branntwein und Aquavit (mit 50% Alkoholgehalt angegeben), 9,021,100 Liter andere Sorten Spirituosen (gewöhnlicher Verkaufsstärke) und 6,526,000 Liter Wein (gewöhnlicher Verkaufsstärke).

Es muß auch erinnert werden, daß sich das schwedische Monopol nicht wie das deutsche allein damit befaßt, Rohsprit abzunehmen und zu rektifizieren, um danach reinen Sprit zur

Herstellung von Trinkspiritus (an Likörfabrikanten usw.) und Sprit zu technischen, medizinischen u. ä. Zwecken an Wiederverkäufer zu verkaufen, sondern Branntwein und Aquavit (für Inlandsmarkt und Export) sowie Punsch selbst herstellt und auch Kognak verschneidet. Das Unkostenkonto des schwedischen Monopols muß deshalb wesentlich höher sein als das des deutschen Monopols. Ein Vergleich mit den deutschen Betriebsresultaten ist nur möglich, wenn die Unkosten des schwedischen Monopols für die Rektifizierung von Rohsprit aus der Rechnung ausgeschieden würden und zugleich berechnet werden könnte, wie groß der Anteil an den allgemeinen Verwaltungsunkosten ist, der auf diesen Betriebszweig der A/B Vin- & Spritcentralen entfällt.

Auch die finanziellen Resultate des schwedischen Monopols lassen sich nicht ohne weiteres denen des deutschen Monopols gegenüberstellen. Es ließe sich vielleicht verantworten, für einen oberflächlichen Vergleich zwischen den Einnahmen des deutschen und denen des schwedischen Staats aus dem Spiritusverbrauch den gesamten Überschuß der A/B Vin- & Spritcentralen auf den Spiritusumsatz anzurechnen, da der größte Teil des Monopolumsatzes auf den Sprit entfällt. Es ist hierbei zu berücksichtigen, daß der Verdienst des Monopols an den Hauptartikeln Branntwein und Aquavit geringer ist als der an Wein und daß der Verdienst an Wein wiederum geringer ist als der an verschnittenem Kognak. Also müßte, bevor die Zahlen den entsprechenden deutschen Zahlen gegenübergestellt werden, die Umsatzsumme für Wein und andere Spirituosen als Branntwein und Aquavit entsprechend dem Verdienstunterschied umgerechnet werden. In diesem Falle wären jedoch die Überschußbeträge, die das Detailhandelsmonopol in Schweden (die lokalen „Systemgesellschaften“) verdient, hinzuzurechnen, da diese mit Ausnahme der geringen Dividende, die von den Gesellschaften an die Aktionäre ausbezahlt wird, an die Staatskasse überführt werden. Ferner müßte außer der Umsatzsteuer für Spiritus, die in den oben angegebenen Umsatzzahlen nicht enthalten ist, die als Ergänzung dieser Steuer auferlegte Ausschanksteuer einberechnet werden. Diese Endzahlen wären dann mit den Überschüssen des deutschen Spritmonopols zu vergleichen, die allerdings nur aus dem Engros-Handel mit Spiritus (und der Rektifizierungstätigkeit) stammen. Diese Zahlen wären jedoch nur der Ausdruck der in diesen beiden Ländern herrschenden Steuerpolitik auf diesem Gebiet und sagten nichts darüber aus, inwiefern es für die Staaten finanziell von Vorteil ist, selbst das Spiritusmonopol zu verwalten oder das Monopol durch eine Gesellschaft verwalten lassen.

Einzelne Seiten des Teils der schwedischen Monopoltätigkeit, der sich mit der Einfuhr von Spirituosen und dem Aufkauf und der Rektifizierung von Sprit befaßt, der danach zu Branntwein und Aquavit verarbeitet wird, sind allerdings deutlicher zu erkennen. So enthalten z. B. die Jahresabrechnungen folgende Spezifikation der Rohspriteinkäufe:

Einkauf von Rohsprit in den Jahren 1923/24 bis 1930/31 (1. Oktober bis 30. September).

	Kartoffelsprit*) u. a. 1000 Liter zu 50%	Melassesprit 1000 Liter zu 50%	Hefesprit 1000 Liter zu 50%	Sulfitsprit 1000 Liter zu 50%	Zusammen 1000 Liter zu 50%
1923—24	14,573	671	4,551	1,812	21,607
1924—25	22,412	980	3,572	1,439	28,403
1925—26	23,981	1,112	3,547	1,403	30,043
1926—27	22,048	1,012	4,467	1,337	28,864
1927—28	19,099	879	4,525	1,162	25,965
1928—29	22,959	703	4,860	2,700	31,222
1929—30	22,995	1,049	5,113	2,264	31,421
1930—31	23,000	1,056	5,146	3,024	32,226

In Schweden wie in Deutschland hat die Spiritusproduktion agrarökonomische Bedeutung. Die Monopole dieser Länder haben sich deshalb veranlaßt gesehen, den hauptsächlichsten Teil ihres Bedarfs durch Kartoffelsprit zu decken, obgleich dieser einen höheren Preis per Einheit bedingt als Sprit anderen Ursprungs (freilich ist auch seine Qualität von hoher Klasse). Nachfolgende Preise sind von der A/B Vin- & Spritcentralen den landwirtschaftlichen Brennereien für Kartoffelsprit bzw. den Sulfitspritfabriken für Sulfitsprit bezahlt worden:

	Preis in Öre per Liter zu 50% für Kartoffelsprit	Sulfitsprit
1923—24	46,6	27,3
1924—25	52,1	27,9

*) Unter dieser Rubrik sind die kleinen Mengen Spiritus aufgeführt, die aus Zuckerrüben oder Mais hergestellt sind.

	Preis in Öre per Liter zu 50% für	
	Kartoffelsprit	Sulfitsprit
1925—26	36,5	23,7
1926—27	38,2	23,6
1927—28	40,0	23,6
1928—29	37,4	23,6
1929—30	37,0	23,6
1930—31	33,0	23,4

Diese Preise liegen wesentlich über den Preisen, die das deutsche Spritmonopol für Rohsprit bezahlt hat (siehe oben unter dem Abschnitt „Das deutsche Spiritusmonopol") und die für hundertprozentigen Sprit gelten. Auch die Herstellungskosten sind in der besprochenen Periode vermutlich in Schweden höher gewesen als in Deutschland.

Das Verhältnis zwischen den Preisen der Gesellschaft für Kartoffelspiritus und den Kalkulationen über Preis und Stärkegehalt der Kartoffeln, die bei der Preisberechnung verwendet worden sind, stellte sich in der seit dem Herbst 1928 verlaufenen Zeit wie folgt:

	Preis für Kartoffelspiritus (pro Liter zu 50%) Öre	Kalkulierter Kartoffelpreis pro hl Kr.	Stärkegehalt der Kartoffeln %
1./10. 1928—21./12. 1928	35,0	3,10	17
22./12. 1928—30./ 4. 1929	39,0	3,52	16,2
1./10. 1929 30./ 4. 1930	37,0	3,75	18,5
1./10. 1930 30./ 4. 1931	32,0	2,75	17
1./10. 1931—30./ 4. 1932	33,0	3,00	17

IV. Andere Alkoholmonopole.

1. Allgemeine Übersicht.

Wie in den einleitenden Bemerkungen erwähnt, ist der vorherrschende Monopoltyp des behandelten Gebiets das Zwischenhandels- und Rektifizierungsmonopol. Ein derartiges Monopol kann von seiten des Staats ohne allzu große organisatorische Vorbereitungen geschaffen werden und verlangt keine sehr großen Kapitalanlagen.

Diese Monopolform ist deshalb in den meisten Monopolländern zur Einführung gekommen. So gehören sämtliche Spiritusmonopole in den osteuropäischen Ländern zu dieser Kategorie. Ebenso wie das deutsche und schwedische Monopol beziehen die Spritmonopole in Polen, Litauen, Lettland und Estland Rohsprit von privaten Brennereien und sorgen dafür, daß dieser rektifiziert wird. Sie unterscheiden sich jedoch dadurch von dem deutschen (aber nicht von dem schwedischen) Monopol, daß sie selber gewöhnlichen Trinkbranntwein („Wodka") herstellen, der in diesen Ländern der bei weitem wichtigste Artikel des Trinkspiritusumsatzes ist. Das Monopol in Litauen verwaltet auch selbst den Detailverkauf von Trinkbranntwein. Das estnische Monopol hat die Gemeinden ermächtigt, die Monopolwaren gegen eine bestimmte Provision in kommunalen Ausschankstätten feilzubieten. Das Schweizer-Monopol gehört gleichfalls zur Gruppe der Zwischenhandelsmonopole, nimmt aber insofern eine Sonderstellung ein, als ein Teil der Spiritusproduktion unabhängig vom Monopol ist. Es ist alleinberechtigt zum Handel mit Sprit, der aus Getreide und Kartoffeln hergestellt ist, verfügt jedoch nicht über Sprit anderen Ursprungs (es besteht in der Schweiz, ähnlich wie in Süddeutschland eine weit verbreitete Produktion von Obstbranntwein), und ist deshalb auf dem Markt nicht Alleinherrscher. Dieses wenig rationelle System soll jedoch jetzt auf Grund eines 1930 durch Volksabstimmung anerkannten Parlamentsbeschlusses geändert werden. Das Monopol befaßt sich nicht mit Detailhandel, sondern nur mit dem Verkauf von Spiritus in reinem und denaturiertem Zustand an Wiederverkäufer. Das kanadische Alkoholmonopol hat wiederum einen ganz anderen Charakter. Es ist ein reines Handelsmonopol, das die Stellung einer großen Wein-, Spirituosen- und Bierfirma einnimmt, aber nichts mit der Herstellung dieser Waren zu tun hat. Als Gegenpol ist das neue finnische Alkoholmonopol zu nennen, das sich mit allen Phasen des Produktionsprozesses beschäftigt. Es kann alkoholische Grtränke entweder selber herstellen (oder importieren) oder diese von privaten Fabriken auf Grund von Verträgen herstellen lassen. Es befaßt sich außerdem mit dem Detailverkauf sämtlicher alkoholischen Getränke. Auch das lokale Alkoholmonopol in England, das nach der Stadt, in der es seinen Hauptsitz hat, das Carlisle-System genannt wird, muß als vollständiges Alkoholmonopol bezeichnet werden. Es umfaßt nicht nur die Herstellung und den Engros- und Detailhandel sondern auch den Gaststättenbetrieb. Die 1929 ernannte Royal Commission on Licensing hat kürzlich einen Bericht vorgelegt, worin u. a. dafür eingetreten wird, daß der Staat in größerem Maße als bisher die Produktion und den Verkauf von alkoholischen Getränken selbst in die Hände nehmen soll („Extension of Public Ownership"). Die Äußerungen der Kommission über diesen Punkt werden weiter unten kurz besprochen werden.

Das bedeutendste Alkoholmonopol neben dem deutschen ist das polnische, dessen Organisation und Tätigkeit deshalb näher besprochen werden soll. Danach folgt eine kurze Beschreibung der Hauptpunkte der in Litauen herrschenden Regelung, der sich einige statistische Angaben über das estnische Spritmonopol anschließen. In den Schlußbemerkungen sind endlich einige Mitteilungen über die politischen Auseinandersetzungen enthalten, die das Monopol in Norwegen gezeitigt hat, als der 1921 errichteten Monopolgesellschaft eine neue Konzession erteilt werden sollte.

In einem Anhang ist schließlich eine Übersicht über die Hauptmerkmale der neuen finnischen Alkoholordnung gegeben, die mit der Aufhebung des Verbots in Kraft trat und die auf einem vollständigen Monopolsystem aufgebaut ist.

2. Staatsbetrieb des Ausschanks und Verkaufs starker Getränke in Carlisle.

Das System der „uneigennützigen Bewirtschaftung" (Disinterested Management).

Zufällige Umstände führten während des Krieges den englischen Staat dazu, in einigen kleinen Landgebieten unmittelbar südlich und nördlich der englisch-schottischen Grenze durch eigenen Ausschank und Verkauf alkoholischer Getränke eine Verbesserung der Mäßigkeitsverhältnisse anzustreben. Der Staat hatte damals eine ausgedehnte Machtbefugnis, die Erzeugung und den Verkauf dieser Getränke zu beeinflussen, je nachdem ob eine Begrenzung oder Erweiterung der Konsummöglichkeit für die Bevölkerung rätlich erschien. Der Staat hatte aus diesem Anlaß eine Regierungsstelle, The Central Control Board (Liquor Traffic), geschaffen mit der Aufgabe, die Bewegungen des Verbrauchs zu überwachen und die erforderlichen Schritte zur Aufrechterhaltung von Ruhe und Ordnung zu unternehmen. Diese Behörde mußte bald den betreffenden Gebieten, in denen große Munitionsfabriken errichtet wurden und wohin Tausende von Bau- und Fabrikarbeitern sowie Militärpersonen zogen oder dirigiert wurden, ihre besondere Aufmerksamkeit widmen. Die Gastwirtschaften in der größten Stadt dieses Distrikts, Carlisle, einem bedeutenden Eisenbahnknotenpunkt, waren diesem Zustrom nicht gewachsen, und in den Wirtschaften und deren unmittelbarer Nähe spielten sich höchst unliebsame Auftritte ab. Unter dem Eindruck der steigenden Verhaftungsziffern wegen Trunkenheit, die überdies die Verhältnisse höchst unvollkommen widerspiegelten, weil die Polizei, die nur ausnahmsweise in ihrer Arbeit von den Wirten unterstützt wurde, nicht Leute genug hatte, um alle Betrunkenen festzunehmen (siehe Näheres hierüber im Buche von Arthur Sherwell „Drink", London, 1922), griff the Central Control Board ein. Im Laufe kurzer Zeit übernahm der Staat eine große Anzahl Gaststätten in Carlisle und begann sofort eine Erweiterung und Modernisierung der durchgängig recht mangelhaften Lokale. Von denselben Gesichtspunkten heraus, die für die Gründer des schwedischen Gotenburger-Systems bestimmend gewesen waren, ließ der Staat darauf die Wirtschaften von fest angestellten Verwaltern leiten, deren Gehalt unter keinen Umständen vom Umsatz alkoholischer Getränke abhängig sein durfte, und die im Gegenteil dazu angehalten wurden, den Verkauf alkoholfreier Getränke zu fördern, sowie übrigens verpflichtet waren, in näher bestimmtem Umfang gute Speisen zu billigen Preisen zu verabfolgen. Es war eine Arbeit auf lange Sicht, die Wirtschaften, die von der breiten Masse besucht wurden und sowohl in ihrem Äußeren als auch in ihrer Betriebsform an die amerikanischen „saloons" aus der Zeit vor der Prohibition erinnerten (in England nennt man diese Gasthäuser, die hauptsächlich Bier und Whisky ausschenken, welche Getränke von den Kunden am Schenktisch stehend eingenommen werden, „public houses" oder volkstümlich „pubs"), auf ein höheres Niveau zu bringen, aber schon nach kurzer Zeit äußerte sich die geänderte Betriebsform in einer Senkung der Trunkenheitsziffern. Als die englische Gesetzgebung über den Ausschank und Verkauf alkoholischer Getränke einige Jahre nach Beendigung des Krieges revidiert wurde, wurde daher auch die Grundlage geschaffen für eine Fortsetzung des „Carlisle-Experiments", wie man den Staatsbetrieb allgemein nannte (siehe „The Licensing Act, 1921"). Seit der Aufhebung des Central Control Board gehört der Betrieb unter das Ministerium des Innern („The Home Office"), das in der Stadt Carlisle eine örtliche Verwaltungsstelle unter dem Namen „The Carlisle and District State Management Scheme" errichtet hat. Die Mehrzahl der staatlichen Gaststätten liegen in Carlisle und der nächsten Umgebung dieser Stadt, und im nördlichen Teil des „State Management District" hat der Staat praktisch ein Monopol auf jeglichen Wirtschafts- und Hotelbetrieb, der mit dem Ausschank alkoholischer Getränke verbunden ist. Es gibt hier nämlich nur zwei private Hotels und eine private Wirtschaft dieser Art (alle ohne „public bar") neben 65 staatlichen Wirtschaften und Hotels. Ferner erzeugt der Staat selbst Bier zur Versorgung der Gaststätten und Verkaufsstellen. Das System hat sämtliche 5 Brauereien des Distrikts übernommen und den Betrieb auf eine derselben konzentriert, während die anderen außer Betrieb gesetzt worden sind. Der Trinkspiritus wird dagegen bei privaten Fabrikanten eingekauft, aber vom System selbst zubereitet („blended"). Im südlichen Teil des Distrikts, der sich bis zur Irischen See erstreckt (mit der Hafenstadt Maryport), steht der Staatsbetrieb mit privaten Gewerbetreibenden im Wettbewerb und wirkt so indirekt für eine Förderung der Mäßigkeit, indem er die Forderungen an die Räumlichkeiten und Ausschankformen der Gaststätten erhöht. Die Zahl der staatlichen Wirtschaften und Hotels betrug hier 72 gegenüber 51 privaten. In zwei kleinen Distrikten nördlich der Grenze, Gretna und Cromarty Firth, wo auf gleiche Weise private Gastwirte und Hotelbesitzer vom Staate ausgekauft worden sind, u. zw. hier durch die schottische Zentralverwaltung, sind ebenfalls einzelne private Unternehmen zurückgeblieben. In allen Gebieten des State Management ist seit Einführung der Staatswirtschaft die gesamte Anzahl von Bewilligungen zum Ausschank und Verkauf alkoholischer Getränke („licensed premises and businesses") von 389 auf 224 zurückgegangen, und die jetzigen Restaurants bieten den Gästen ein weit höheres Maß von Platz und Bequemlichkeit als die früheren. Das System hat es für das richtigste angesehen, den Handel mit alkoholischen Getränken von anderem Handel zu trennen (die sogenannten „grocers"-Handelsbewilligungen gibt es daher nicht in den vom Staat bewirtschafteten Gebieten), und der flaschenweise Verkauf („off the premises") ist somit jetzt in einzelnen großen Lokalen zentralisiert. Das System ist in seinen Anordnungen sowohl in dieser Beziehung als auch hinsichtlich der Errichtung, Verlegung oder Niederlegung von Wirtschaften und Hotels unabhängig von den örtlichen Gemeindevertretungen, die indessen indirekt einen gewissen Einfluß auf die Geschäftsführung des Systems ausüben können, da sie das Recht haben, Mitglieder in ein „Local Advisory Committee" zu entsenden, das vom System in gewissen Fällen befragt werden muß und das vom System Erklärungen und Berichte verlangen kann. Das System hat bedeutende Summen darauf geopfert, die Gaststätten und Hotels des Distrikts zu erneuern (und diese Arbeit wird fortgesetzt, wie es aus den Jahresberichten über den Betrieb an das Unterhaus hervorgeht, vergl. den letzten Bericht, „Annual Report for the Year ended 31. March 1931"), ist aber trotzdem imstande gewesen, aus dem erzielten Gewinn, der recht bedeutend gewesen ist, nicht nur einen recht bedeutenden Teil der Bauunkosten zu decken, sondern auch die vom Staat zur Übernahme der privaten Betriebe vorgeschossenen Beträge zurückzubezahlen. Bei letzteren Beträgen drehte es sich sowohl um die Bezahlung von Warenbeständen und Inventar als auch um die Leistung von „goodwill"-Beträgen. Im Geschäftsjahr vom 1. April 1930 bis 31. März 1931 betrug der Reinverdienst für alle drei Staatsbetriebsgebiete zusammen ca. £ 73,000 (gegen ca. £ 77,300 im Vorjahre) bei einem investierten Kapital von £ 732,000 (eine errechnete Zahl, da der Staatsbetrieb kein selbständiges Kapital zur Verfügung gehabt hat, siehe den Jahresbericht für das Geschäftsjahr 1928/29) zuzüglich eines aufgesparten Gewinns in Höhe von £ 369,499 9/10. Letzteren beiden Beträgen steht der Wert von Grundstücken, Gebäuden, Maschinen, Läden, Schankstätten und Hotels gegenüber, der per 31. März 1931 mit £ 789,412 14/8 gebucht war; hierzu kam ein Betrag von £ 212,409 19/0 auf dem Konto für Modernisierung von Anlagen sowie Neubauten und ein Warenlager im Werte von £ 114,786 9/1 (der Abschluß balancierte mit £ 1,158,429 2/8).

Die rechnungsmäßige Stellung des Systems war Gegenstand einer eingehenden Untersuchung von der 1929 eingesetzten Mäßigkeitskommission, The Royal Commission on Licensing (England and Wales), die sich auch lange mit der Frage befaßte, ob die sozialen Ergebnisse des Systems befriedigend gewesen waren oder nicht. Die Kommission äußerte sich in ihrem 1931 abgegebenen Gutachten (Report, London 1932, Chapter XII, „Private and public ownership") sehr anerkennend über das System, aber es ist zweifelhaft, ob die Ansicht der Kommission über The State Management von der Bevölkerung geteilt wird. Jedenfalls ist der Staatsbetrieb, der wohl auch den englischen Gedankengang etwas fremd anmuten muß, oft abfällig beurteilt worden, und man hat u. a. geltend gemacht, daß der in Carlisle und Umgebung festgestellte Fortschritt in der Mäßigkeit keineswegs größer ist als der für das ganze Reich festgestellte (die Anzahl von Verhaftungen wegen Trunkenheit ist jetzt in einer langen Reihe von Jahren stetig gefallen). Außerdem ist auch von privater Seite eine der Tätigkeit des Carlisle-Systems ebenbürtige Arbeit zur Hebung des allgemeinen Gaststättenniveaus geleistet worden. Gemeint ist hiermit die von englischen Brauerkreisen ausgegangene Bewegung zur Schaffung von „improved public houses", die mit der entsprechenden staatlichen Tätigkeit parallel läuft und die bemerkenswerte Ergebnisse gezeitigt hat, selbst wenn es sich nur um eine geringe Anzahl der ca. 78,000 englischen Gaststätten handelt (gewöhnlich werden die „public houses" von den Brauern finanziert, und diese Ordnung nennt man das „tied houses"-System). Der Staat kann indessen seinerseits geltend machen, daß erst das Carlisle-System für eine Reformarbeit auf dem in Rede stehenden Gebiet Interesse geweckt hat, und daß der Staat durch sein Beispiel die privaten Gewerbe zur Handlung getrieben hat. Das System hat unzweifelhaft viel Gutes ausgerichtet, und die Bevölkerung in den besprochenen Distrikten scheint auch im großen und ganzen den Einsatz des Staates, die „public houses" zu freundlichen und ansprechenden Aufenthaltsstätten zu machen, gebührend zu würdigen. Wenn der erzieherische Einfluß, den das System dadurch auf die Restaurantgäste ausübt, diese davon abbringt, die „public houses" ausschließlich oder doch hauptsächlich als Stellen zu betrachten, die man besucht, um zu trinken und nur zu trinken, ist das Carlisle-Experiment nicht vergebens gewesen.

3. Das polnische Spiritusmonopol.

Das polnische Klima, sowie die Beschaffenheit des polnischen Ackerbodens, der überwiegend leicht ist, tragen dazu bei, daß der Kartoffelbau in Polen sehr stark entwickelt ist. Polen ist (nach Rußland und Deutschland) in Europa das drittgrößte Land in Bezug auf die Kartoffelproduktion; berechnet man aber die Kartoffelerzeugung pro Kopf der Bevölkerung, so ergibt es sich, daß Polen mit 10,33 q an erster Stelle kommt. Daraus geht klar hervor, daß die Frage des zweckmäßigen Verbrauches der enormen Kartoffelmengen für Polen eine der wichtigsten agrarpolitischen Fragen ist.

Vor dem Kriege war Polen ein Gebiet der landwirtschaftlichen Brennereien. Die Wirtschaftspolitik jener drei Staatsorganisationen, zu welchen Polen vor dem Kriege gehörte, förderte stets die Spiritusproduktion auf dem Gebiete des heutigen polnischen Staates.

Nach dem Kriege ändert sich die Situation grundsätzlich. Einerseits wurde der meiste Teil der landwirtschaftlichen Brennereien durch Kriegsoperationen zerstört, andererseits entstanden große Schwierigkeiten mit dem Absatze der großen Spiritusproduktion.

Die Grenzregulierung hat Polen wie die meisten neuen Staaten Europas entweder des nationalen Hinterlands beraubt oder sie in die Nachbarschaft konkurrierender Unternehmungen jenseits der alten Grenzen gebracht. So beträgt die Erzeugung der polnischen Spritindustrie heute nicht mehr als ca. ein Viertel ihrer Produktion vor dem Kriege, als ein Teil dieser Industrie in Rußland beheimatet war, ein anderer Teil in Deutschland und der Rest in Österreich. Zusammen boten diese drei Länder nanatürlich weit größere Absatzmöglichkeiten als das jetzige Polen, und sie exportierten auch Spiritus in erheblich größerem Maß als Polen dies bei den handelspolitischen Zuständen nach dem Weltkrieg tut und zu tun vermag. Besonders von Rußland und Deutschland wurden erhebliche Mengen polnischen Sprits auf fremden Märkten abgesetzt. Libau war ein Haupthafen für den russischen Spiritusexport und besaß ausgedehnte Rektifizierungsanlagen, und über Hamburg wurde in großem Umfang Spiritus aus dem jetzigen polnischen Gebiet ins Ausland gebracht. Der Spiritusexport betrug damals ca. 1.85 Mill. hl reinen Alkohol, wovon ca. 1.6 Mill. hl nach dem Innern der mit Polen verbundenen Staatsorganismen ging.

Während die polnische Spiritusindustrie damals gegen 2500 Brennereien umfaßte mit einer Gesamtproduktion von ca. 260 Millionen Liter Spiritus (reiner Alkohol), waren in den letzten Jahren höchstens 1400 Brennereien im Betrieb, deren Gesamtproduktion nur ca. 60 bis 65 Millionen Liter hundertprozentigen Spiritus betrug. Den überwiegenden Teil der Produktion liefern die landwirtschaftlichen Brennereien, denen man hier wie im ganzen östlichen Mitteleuropa große wirtschaftliche Bedeutung beimißt. In den Brennereien können die Landwirte einen wesentlichen Teil der auf dem leichten Boden angebauten Kartoffeln absetzen, und da die Schlempe als Viehfutter Verwendung findet, wird eine größere Viehhaltung und dadurch auch eine effektive Bodenverbesserung ermöglicht. Es ist also in Polen wie in Deutschland und Österreich eine Tradition, der Spiritusindustrie gegenüber eine Politik zu führen, die in erster Linie auf die landwirtschaftlichen Interessen Rücksicht nimmt. Die führende Stellung der landwirtschaftlichen Brennereien ist dadurch gesichert, daß auf dreijährige Perioden im voraus die Höchstmenge Spiritus festgesetzt wird, die von der gesamten Industrie für den Bedarf des Inlandmarktes unter normalen Steuersätzen fabriziert werden kann („Brennrecht" oder „Vertriebsrecht"), und daß von dieser Höchstmenge, nach Ausscheidung einer „Reserve" für die im Kriege beschädigten Brennereien und neue Betriebe 92% der Produktion den landwirtschaftlichen Brennereien und nur 8% der industriellen Brennereien (Melassebrennereien, Hefefabriken) zugeteilt werden. Im Durchschnitt beschränkte sich das Produktionsrecht unter der Herrschaft des Monopols auf ca. 40,000 Liter hundertprozentigen Spiritus jährlich, aber die Kapazität der Brennereien ist viel größer, und die Regierung kann auch gelegentlich einzelnen Brennereien ein Zusatzkontingent zuweisen (das der vorerwähnten „Reserve" entnommen wird). Die höchste Jahresproduktion, die eine einzelne landwirtschaftliche Brennerei nach dem Monopolgesetz erreichen kann, beläuft sich auf 160,000 Liter hundertprozentigen Spiritus. Etwaige Überproduktion kann nur im Ausland abgesetzt werden. Als landwirtschaftliche Brennereien werden solche angesehen, die ausschließlich Kartoffeln als Rohstoff verwenden und mit landwirtschaftlichen Betrieben verbunden sind. Sie sollen die gewonnenen Mengen Schlempe und Viehdünger in ihren eigenen Betrieben verwenden.

Die industriellen Brennereien, die am meisten daran interessiert sind, einen Export in Gang zu bringen, haben im Einvernehmen mit der Regierung und den landwirtschaftlichen Brennereien eine Exportgesellschaft für Spiritus gegründet, die

Spirytus S. A., die jedenfalls in einzelnen Jahren recht zufriedenstellende Resultate zu verzeichnen hat. Der Spiritusexport, berechnet in Litern reinem Alkohol per Geschäftsjahr (1. Oktober—30. September), betrug:

1922—23	16,207,000 Liter
1923—24	3,360,000 „
1924—25	4,352,000 „
1925—26	620,000 „
1926—27	1,897,000 „
1927—28	821,000 „
1928—29	1,626,000 „
1929—30	7,500,000 „
1930—31	5,666,000 „

Im Geschäftsjahr 1930/31 waren die Preise stark gesunken, und der Export wird deshalb kaum die Höhe des vorhergehenden Jahrs erreichen. Es verlautet, daß der Preis in holländischer Währung nur ca. 10 bis 12 Fl. pro Hektoliter reinen Alkohol war gegen 24 bis 25 Fl. im Durchschnitt des Geschäftsjahrs 1928/29.

Der Vertrieb des Sprits innerhalb der Landesgrenzen wird vom Staats-Spiritusmonopol wahrgenommen, das seine Tätigkeit am 1. Januar 1925 auf Grund eines Gesetzes vom 31. Juli 1924 über die Errichtung eines Staatsmonopols für den Verkauf von Spiritus auf dem polnischen Markt und die Herstellung und den Verkauf von reinem, ungewürztem und ungesüßtem Trinkspiritus (dem gewöhnlichen Trinkbranntwein in den osteuropäischen Ländern, „Wodka"), begann, welches Gesetz am 26. März 1927 und am 11. Juli 1932 erneuert wurde. Das Monopol ist als selbständige Einrichtung unter der Oberhoheit des Finanzministeriums organisiert und arbeitet nach kaufmännischen Grundsätzen. Die Brennereien haben ihre gesamte Produktion an das Monopol abzuliefern, soweit sie nicht zwecks Export ihr Produktionsrecht überschritten haben. Andererseits kann das Monopol sich nicht unbedingt dazu verpflichten, alle im Rahmen des Produktionsrechts hergestellten Mengen abzunehmen, wenngleich es diesem Ziel so nahe wie möglich zu kommen sucht. Es setzt deshalb jedes Jahr Ende Januar für die folgende Kampagne entsprechend den jeweiligen Absatzmöglichkeiten für Spiritus ein Aufkaufs- oder Ablieferungskontingent fest und zwar sowohl für alle Brennereien zusammen als auch für jede einzelne.

Laut der neuen Verordnung über Spiritusmonopol vom 11. Juli 1932 setzt sich das Kontingent aus zwei Teilen zusammen:

Konsumtion und Nichtkonsumtion. Das Konsumtionskontingent wird von dem Monopol gänzlich den landwirtschaftlichen und industriellen Brennereien direkt, bezw. durch die Vermittelung der Organisation der Produzenten, die eventuell vom Ministerrat ins Leben gerufen werden soll, abgekauft.

Im Verhältnis zur Einwohnerzahl ist der Konsum von Trinkspiritus nicht besonders groß, selbst wenn er an sich bedeutend ist (in den Geschäftsjahren 1925/26, 1926/27 und 1927/28 betrug er ca. 42,728,400 bzw. 44,409,000 und ca. 42,539,000 hl reinen Alkohol, in 1930/31 dagegen nur 31,182,000 hl). Es leben in Polen gegen 30 Millionen Menschen, und der Verbrauch von inländischem Trinkspiritus wird im Laufe dieser vier Jahre (in einer vom Monopol ausgegebenen Schrift) per Kopf der Bevölkerung auf 1,67, bzw. 1,48, 1,52 und 1,04 Liter reinen Alkohol angegeben. Weder diese Zahl noch die absoluten schließen den Konsum von fremdem Trinkspiritus, der im übrigen unbedeutend ist, in sich ein (der wichtigste Artikel scheint französischer Kognak zu sein). Durch sehr hohe Zollsätze wird fremder Trinkspiritus fern gehalten. Den bei weitem überwiegenden Teil der innerhalb Polens konsumierten Quanten Trinkspiritus liefert das Monopol, das sich selbst das Recht vorbehalten hat, gewöhnlichen Trinkbranntwein ohne Zusatz von geschmackgebenden Stoffen herzustellen („Wodka"). Es liefert diese Waren teils mit 30, teils mit 40 und 45% Alkoholgehalt (letztere Art wird als Luxusqualität bezeichnet).

Der Absatz von Spiritus für technische Zwecke ist in Polen nicht sehr bedeutend. Dieser Absatz betrug im Jahre 1931 folgende Ziffern:

Absatz von Denaturat	6.700.000 l	(0.22 pro Kopf der Bevölkerung)
Absatz für Industriezwecke	4.600.000 l	(0.15 pro Kopf der Bevölkerung)
Absatz f. Treibzwecke	2.100.000 l	(0.07 pro Kopf der Bevölkerung)
insgesamt f. technisch-industrielle Zwecke	13.400.000 l	(0.44 pro Kopf der Bevölkerung)

In der neuen Verordnung über den Monopolspiritus vom 11. Juli 1932 (Dz. Ustaw R. P. Nr. 63), die ab 1. September 1932 in Kraft tritt, ist die Möglichkeit vorgesehen, auf Antrag des

Ministerrates die Bewirtschaftung des Spiritus, der nicht für Konsumzwecke bestimmt ist, einer Organisation der Produzenten zu übergeben, wie auch einen Mischungszwang einzuführen, was den Absatz von Spiritus für technische Zwecke bedeutend heben dürfte.

Wie die private Destillation und Likörfabrikation jetzt geringeren Umfang haben als vor dem Kriege, so hat auch der Rektifizierungsbetrieb gegen früher sehr nachgelassen. Erstens hat der Staat in die Produktion eingegriffen, dadurch daß er selber Rektifizierungsanstalten errichtet hat (Thorn und Starogard) oder solche pachtete (Warschau und Stanisławów). Zweitens ist die Produktion ganz automatisch mit der Spritproduktion zurückgegangen (siehe oben). Drittens ist auf diesem Gebiet wie auf anderen Gebieten der Betrieb konzentriert worden. Vor dem Kriege waren gegen 100 Fabriken auf demselben Landgebiet in Tätigkeit, wo im Geschäftsjahr 1928/29 außer den genannten 4 Monopolbetrieben nur 46 Fabriken arbeiteten, und von den rektifizierten Mengen, die ca. 52 Millionen Liter reinen Alkohol betrugen, entfielen nur ca. 75% auf die Fabriken und der Rest auf die 4 Monopolbetriebe. Ein Teil der Brennereien hat eigene Anlagen für die Rektifizierung, und das Monopol übertrug ihnen somit einen Teil dieser Arbeit.

Das Monopol hat sehr bedeutende Überschüsse zu verzeichnen und nimmt einen recht bemerkenswerten Platz auf der Einnahmeseite des Staatsbudgets ein. Bei Festsetzung des Verkaufspreises kalkuliert das Monopol mit einer „Finanzabgabe" an den Staat von 7,50 Zloty per Liter reinen Alkohol. Außerdem sollen die Kommunen 1 Zloty für jeden Liter reinen Alkohol haben. Der Preis für reinen Spiritus, der im Geschäftsjahr 1929/30 13 Zloty per Liter betrug, setzt sich folgendermaßen zusammen:

1.	Finanzabgabe (7,50 an den Staat, 1,00 an die Kommune)	Zl. 8,50
2.	Wert der Ware plus Handelsunkosten	„ 1,90
		Zus. Zl. 10,40
3.	Verdienst beim Verkauf an Likörfabriken u. a. + 25%	„ 2,60
	Somit beträgt die Bruttoeinnahme des Staats:	Zl. 13,00

Das Monopol hat einen theoretischen Handelsgewinn von 2,60 Zl., der der Staatskasse zufließt.

Da der bei weitem größte Teil der Produktion vom Monopol selbst vertrieben wird, ist die Preisfestsetzung des Monopols für Wodka, bei der auch auf gewisse kleinere Abgaben an die öffentlichen Kassen (Patentabgabe, Gewerbesteuer, siehe die Broschüre des Monopols) Rücksicht genommen werden muß, entscheidend für das Betriebsresultat. Nach dem Abschluß des Geschäftsjahres 1927/28 belief sich der Handelsgewinn des Monopols auf 55,9 Millionen Zloty bei einem gesamten Betriebsüberschuß von 390,1 Millionen Zloty, der im übrigen die Finanzabgabe (300,7 Mill. Zl.) und die gerade genannten kleineren Steuern und Abgaben (33,6 Mill. Zl.) darstellte. Die Zahlungen an den Staat in einem bestimmten Jahr decken sich offenbar nicht ganz mit dem Überschuß dieses selben Geschäftsjahrs, insofern als das Monopol für das Geschäftsjahr 1927/28 dem Finanzministerium 360,6 Mill. Zl. überwies und außerdem 38,8 Mill. Zl. zur Verteilung an die Kommunen auszahlte. Schließlich soll nach dem Monopolgesetz ein Betrag in Höhe von 1% des jährlichen Handelsgewinns (Netto-Gewinns) zur Bekämpfung des Alkoholismus verwandt werden. Für 1927/28 zahlte das Monopol dementsprechend 559,000 Zl. für diesen Zweck.

Das Monopol rechnet selber damit, daß 80% der Gesamtsumme, die der Umsatz von Spiritus und Branntwein (Wodka) repräsentiert, infolge des Monopols der Öffentlichkeit zugute kommt, während die Öffentlichkeit o h n e das Monopol nur etwa 55% des Umsatzwerts erhalten würde (durch die Spritsteuer).

4. Das Spiritusmonopol in Litauen.

Ebenso wie in den beiden baltischen Ländern (Estland und Lettland) hat sich der litauische Staat selber das Recht zum Handel mit Spiritus und gewöhnlichem Branntwein (Wodka) vorbehalten. Litauen war wie Estland und Lettland ein Bestandteil des russischen Kaiserreichs, und es war deshalb für den neuen Staat naheliegend, bei der Regelung von Trinkspiritus die Monopolordnung beizubehalten, unter der die Bevölkerung in der russischen Zeit gelebt hatte.

Das litauische Spritmonopol ist somit auch in allen wesentlichen Punkten wie das alte russische Monopol organisiert. Der Staat übernimmt die gesamte Produktion der Brennereien im Rahmen des für die einzelnen Brennereien (und dadurch für die ganze Industrie) festgesetzten Produktionskontingents (Brennrecht). Wo es sich um landwirtschaftliche Brennereien handelt, die ausschließlich Kartoffeln eigenen Anbaus zum Brennen benutzen, erhalten die Lieferanten einen der Größe der Kartoffelernte und dem dadurch bedingten Wert der Kartoffeln entsprechenden Preis für die abgelieferten Quanten Rohsprit. In der Regel deckt dieser Preis gerade die Produktionsunkosten, und die Überschüsse der Fabrikation stammen deshalb aus der Schlempe, die auch für die Produzenten, die alle Spritfabrikation in Verbindung mit Landwirtschaft treiben, eine bedeutende Rolle spielt.

Die Verhältnisse in Litauen sind in dieser Beziehung denen in Polen und den übrigen aus dem alten Rußland ausgeschiedenen Ländern und zum Teil auch denen, die in Deutschland, der Tschechoslowakei, Österreich und Ungarn herrschen, sehr ähnlich. Wie in diesen Ländern ist es die Sache des Staats, die Ware zu rektifizieren, und so verwendet auch der litauische Staat, der Tradition des russischen Monopols folgend, sehr viel Sorgfalt auf den Rektifizierungsprozeß. Dieser wird teils vom Staate selbst (in der Rektifizierunganstalt in Kowno), teils von Privaten (1 Fabrik in Kowno, 1 Fabrik in Panevezys) für Rechnung des Staats vorgenommen. Ferner stellt das Monopol, gleichfalls nach dem Muster des alten russischen Branntweinmonopols, gewöhnlichen Trinkbranntwein (Wodka) her, der abgefüllt in bestimmter Stärke und in Flaschen von bestimmter Größe abgegeben wird. Zur Zeit wird in Litauen Wodka nur in 40% Stärke in Viertel- und Dreiviertelliter-Flaschen verkauft, die einschließlich Flasche 2,00 Lit, bzw. 5,80 Lit (ca. 2,25 dän. Kronen Goldparität) kosten. Hiervon entfallen auf die Leerflasche, deren Preis bei Rückgabe vergütet wird, 0,20 bzw 0,40 Lit. Das Monopol verkauft auch reinen Spiritus in einer Stärke von 95%, von dem ¼ Liter mit Flasche, deren Wert 0,20 Lit ist, 4,30 Lit kostet (ca. 1,75 dän. Kronen).

Der Detailverkauf geschieht in den eigenen Verkaufsstellen des Monopols, die von Vorstehern mit festem Gehalt geleitet werden. Auch für diese Maßnahmen hat das alte russische Monopol als Vorbild gedient. Es gibt zur Zeit im ganzen 90 derartige „Monopolläden“, davon 8 in der Hauptstadt. Es wird erwogen, diese Zahl zu erhöhen (um ca. 50) u. a. deshalb, weil dadurch der Heimbrennerei und dem Schmuggel entgegengewirkt werden könnte, die in gewissen Gegenden vorkommen. Im übrigen kann Wodka in Restaurants gekauft werden, die vollständiges Ausschankrecht haben und die an das Finanzministerium eine näher festgesetzte Abgabe für das Recht zahlen, alkoholische Getränke zu servieren.

5. Statistische Angaben über das estnische Spiritusmonopol.

Wie oben erwähnt, ist das estnische Monopol denen sehr ähnlich, die in Polen, Litauen und Lettland bestehen. Es ist wie diese aus dem alten russischen Branntweinmonopol hervorgegangen. Ein wesentlicher Teil der Bestimmungen des russischen Gesetzes über die Herstellung, Besteuerung und den Verkauf von Spiritus sind in das estnische Monopolgesetz übergegangen (wie auch in den anderen Randstaaten).

Als das Land selbständig wurde, verlor die bedeutende Spiritusindustrie, die in Estland beheimatet war, ihren Hauptabsatzmarkt, der innerhalb der Grenzen des alten russischen Reichs lag, und die Brennereien des estnischen Staatsgebiets mußten infolgedessen ihre Produktion stark einschränken. In den letzten Jahren vor dem Kriege soll die Produktion der estnischen Brennereien jährlich rund ca. 40 Millionen Liter Sprit zu 100% betragen haben. Die Statistik des Monopols über den Spritverkauf in den Jahren 1926—30 zeigt, daß der Verkauf und damit auch die Produktion jetzt auf knapp ca. 4 Millionen Liter zurückgegangen ist. Hiervon entfallen auf den Verkauf von Trinkspiritus rund vier Fünftel, die sich (angegeben in Graden entsprechend 0,123 Liter) wie folgt verteilen:

	Spiritus 95%	Trinkbranntwein 40%	Zusammen
1926	3,052,392	22,143,189	25,195,581
1927	2,130,544	24,587,632	26,718,176
1928	2,425,880	24,172,284	26,598,164
1929	3,497,108	20,111,505	23,608,613
1930	2,498,381	17,720,196	20,218,577
1931	1,736,426	17,703,116	19,439,542

Der Monopolpreis für Spiritus und Branntwein beträgt seit 1. April 1932 3,80 bzw. 1,45 estnische Kronen per Dreiviertelliter-Flasche (eine kommunale Verbrauchssteuer, die 0,10 estnische Kronen per Flasche ausmachte, ist weggefallen). Das Monopol hat in den letzten 5 Jahren an den Staat folgende Brutto-Überschüsse abgeführt:

1926	12,799,723	estnische Kronen
1927	13,468,971	„ „
1928	15,204,721	„ „
1929	14,293,951	„ „
1930	12,457,634	„ „
1931	11,956,047	„ „

Die oben angegebenen Zahlen, die den Umfang der Monopoltätigkeit beleuchten, berühren nicht den Verkauf zum Export, der im übrigen auch nicht auf Rechnung und Gefahr des Monopols erfolgt. Die Rektifizierungsfabriken, die den Brennereien eng angeschlossen sind und nach Vereinbarung mit dem Monopol den Rohsprit übernehmen und veredeln, versuchen, den Spritexport in Gang zu bringen, und haben gelegentlich auch recht bedeutende Mengen im Ausland abgesetzt.

Wie in den anderen osteuropäischen Ländern spielen die Monopoleinnahmen eine recht bedeutende Rolle im Staatsbudget. Das estnische Spritmonopol bringt ca. 12—15% der gesamten staatlichen Einnahmen auf.

V. Schlußbemerkungen.

Da sich die Spritmonopole der einzelnen Länder auf so verschiedene Weise auswirken, ist es, wie auch aus obigen Darlegungen hervorgehen wird, fast unmöglich zu entscheiden, ob ihre Betriebsresultate denen der privaten Zusammenschlüsse überlegen sind oder hinter diesen zurückbleiben, und wiederum, ob das eine Spritmonopol besser oder schlechter arbeitet als das andere. Eine Untersuchung dieses Problems kann für die Beurteilung nur gewisse Anhaltspunkte geben. Es ist sehr zweifelhaft, ob es möglich wäre, diese Verhältnisse selbst durch sehr eingehende Studien klarzustellen. Dagegen ist es möglich, wenn man den Lauf der Entwicklung irgendeines Staatsmonopols verfolgt, festzustellen, ob es in technischer und kaufmännischer Beziehung dauernd gut geleiteten privaten Unternehmungen ebenbürtig ist.

Bei den Erörterungen über das Spritmonopol als Betriebsform werden deshalb immer allgemeine Betrachtungen über die damit verbundenen Vorteile und Nachteile, die Herstellung und den Vertrieb von Spiritus oder nur den Vertrieb entweder privaten Zusammenschlüssen bzw. Monopolgesellschaften oder Staatsmonopolen zu übertragen, ausschlaggebend sein.

Die Argumente gegen den Staatsbetrieb sind so wohlbekannt und so oft in den politischen Debatten benützt worden, daß es kaum notwendig erscheint darzulegen, aus welchen Gründen die öffentliche Verwaltung meist schwerfällig und umständlich arbeitet. Die kritischen Äußerungen haben jedoch heute nicht mehr die gleiche Gültigkeit, die sie vielleicht vor einem Menschenalter hatten. Auf den meisten öffentlichen Verwaltungsgebieten wird jetzt gewiß durchgängig weit mehr geleistet, sowohl absolut als auch im Verhältnis zur Zahl der Angestellten, als das früher der Fall war. Während des Weltkriegs steigerten sich die Anforderungen, die an die Beamten der Zentralverwaltung ebenso wie an das große Personal der öffentlichen Verkehrseinrichtungen gestellt wurden, und da der Staat oft als Vorbedingung für Gehaltserhöhungen für Beamte, Verkehrspersonal usw. eine erhöhte Leistung verlangte, ruht jetzt auf den Schultern von vielen Beamten und Angestellten eine recht bedeutende Arbeitslast. Es ist deshalb keineswegs sicher, daß die öffentlichen Wirtschaftsbetriebe (Eisenbahnen, Post, Telegraphie und Telephonie, Gas- und Elektrizitätswerke und andere unter den Begriff „public services" fallende Betriebe) nicht imstande sind, sich gegenüber entsprechenden privaten Unternehmungen zu behaupten. Die Einführung des Achtstunden-Arbeitstages sowohl in den öffentlichen Betrieben als auch im privaten Erwerbsleben hat ebenfalls dazu beigetragen, die Unterschiede zwischen öffentlicher und privater Leistungsfähigkeit auszugleichen.

Es ist ferner zu bedenken, daß die allgemeine wirtschaftliche Entwicklung auf gewissen Gebieten die Arbeitsformen des privaten Wirtschaftslebens denen des Staats und der Gemeinden angeglichen hat. Während die kleinen und mittelgroßen Privatunternehmungen mit sehr bescheidenen Generalunkosten arbeiten können, weil Produktion und Umsatz einen größeren Kontroll- und Verwaltungsapparat nicht verlangen, müssen die großen Betriebe und namentlich die großindustriellen Zusammenschlüsse in der Regel einen recht bedeutenden Stab von Ingenieuren, Büroangestellten usw. beschäftigen, denn ihre Stärke beruht ja zum großen Teil darauf, daß sie in technischer und organisatorischer Hinsicht so gut wie überhaupt möglich gerüstet sind. Dasselbe gilt jedenfalls für die bestgeleiteten öffentlichen Wirtschaftsbetriebe, und die Tatsache, daß zum mindesten das höhere Personal normalerweise in Privatbetrieben viel größere Einnahmen erlangen kann als im Staats- und Kommunaldienst, braucht keineswegs zu bedeuten, daß es im Staats- und Kommunaldienst eine geringere Durchschnittsqualität besitzt als in Privatbetrieben. In Zeiten steigender Konjunktur ist wohl bei den tüchtigsten Elementen der Beamtenschaft die Neigung zu verspüren, in das private Wirtschaftsleben hinüberzuwechseln, wo ihre Fähigkeiten besser bezahlt werden, aber andererseits kann auch die öffentliche Verwaltung eine gewisse Anziehungskraft auf tüchtige Techniker und Akademiker ausüben, weil die öffentlichen Stellungen für sicherer angesehen werden als die entsprechenden Stellungen im privaten Geschäftsleben und auch weil, jedenfalls in gewissen Fällen, die Bedeutung einer öffentlichen Stellung größer erscheinen mag als die einer entsprechenden Stellung im privaten Geschäftsleben.

Selbst wenn es somit nicht im voraus als gegeben anzusehen ist, daß die öffentlichen Betriebe mit größeren Unkosten für Verwaltung etc. arbeiten, als Privatunternehmungen, müssen die gesetzgebenden Körperschaften dennoch damit rechnen, daß sich der Staatsbetrieb teurer stellen kann als der monopolisierte Betrieb einer Privatgesellschaft oder ein Privatbetrieb in freier Konkurrenz. Es ist indessen nicht nur die Gefahr, daß ein Staatsmonopol mit hohen Unkosten per Verkehrseinheit oder Wareneinheit arbeitet, die die Gegner öffentlicher Wirtschaft im Auge haben, wenn sie vor der staatlichen Monopolisierung warnen. Sie begründen ihren Standpunkt vielmehr in erster Linie mit dem Hinweis auf die A b h ä n g i g k e i t e i n e s s t a a t s m o n o p o l i s i e r t e n U n t e r n e h m e n s v o n d e n g e s e t z g e b e n d e n F a k t o r e n. Wenn auch ein Staatsmonopol als ein selbständiges Glied des Staatshaushalts organisiert wird und also nicht zum Ressort der Zentralverwaltung gehört, so läßt sich doch kaum annehmen, daß das Parlament geneigt ist, der Leitung des Staatsmonopols volle Handlungsfreiheit zu gewähren. Vielleicht mögen viele der Parlamentsmitglieder es an und für sich für wünschenswert ansehen, das Monopol nach rein kaufmännischen Grundsätzen frei disponieren zu lassen, aber sie werden dennoch die Regierung für die Maßnahmen des Monopols (in Bezug auf Einkauf, Löhne, Preise, Absatz usw.) verantwortlich machen und auch aus staatsfinanziellen Gründen verlangen, daß sich die Regierung in dieser oder jener Form einen Einfluß auf den Monopolbetrieb sichert. Wie weit dieser Einfluß reichen soll, ist abhängig von den jeweils in Regierung und Parlament vorherrschenden Anschauungen. Auf jeden Fall werden sich die gesetzgebenden Körperschaften immer das Recht vorbehalten, das Budget des Monopols zu genehmigen oder abzulehnen, und hiermit folgt das weitere Recht zur Kritik der Einkäufe des Monopols, der Löhne, Preispolitik usw. Im günstigsten Falle können sich die Gesetzgeber allerdings darauf beschränken, das Budget in großen Zügen durchzugehen und zu genehmigen, daß in dem betreffenden Geschäftsjahr der Betrieb auf die Erzielung näher angegebener Resultate eingerichtet wird, aber es kann auch anders zugehen. So hat das deutsche Spritmonopol bekanntlich immer wieder politische Rücksichten nehmen müssen und ist dadurch gezwungen worden, sowohl den Rohstofflieferanten als auch den Abnehmern der Monopolprodukte gegenüber wenig rationelle Maßnahmen zu treffen.

In Norwegen hat zwar der Staat, als die Erneuerung der Konzession der A/S Vinmonopolet (Weinmonopol, A.-G.) ab 1. Juli 1932 beschlossen worden war, die private Verwaltung des Monopols beibehalten, aber er begrenzt die Handlungsfreiheit des Monopols so stark, daß es einem Staatsmonopol nahe kommt. Zu einem gewissen Zeitpunkt war auch in den politischen Kreisen Norwegens eine überwiegende Stimmung dafür vorhanden, nicht auf halbem Wege stehen zu bleiben, sondern die Aktiengesellschaft in ein Staatsmonopol zu verwandeln. Der Meinungsstreit über die norwegische Monopolfrage ist auch außerhalb der norwegischen Grenzen von Interesse, da die Gesichtspunkte sowohl der Anhänger als auch der Gegner staatlicher Wirtschaft allgemeine Gültigkeit besitzen.

Im Jahre 1930 setzte das Sozialdepartement ein Komitee ein, das zu ermitteln hatte, unter welchen Formen die bisher von der A/S Vinmonopolet ausgeübte Tätigkeit weitergeführt werden könne, wenn die Konzession dieser Gesellschaft, die am 1. Juli 1922 in Kraft getreten war, mit Ausgang Juni 1932 ablaufen würde (der Staat hatte die Konzession gekündigt). Unter dem 18. Februar 1931 gab die Kommission ihr Gutachten ab, und im Sommer 1931 traf das Parlament (das Storthing) auf Grund des von der Kommission gemachten Vorschlags seine Entscheidung.

Das Sozialdepartement hatte das Komitee ersucht, sich nicht allein mit den Bedingungen zu beschäftigen, zu denen der Staat die Konzession der A/S Vinmonopolet eventuell erneuern sollte, sondern auch zu prüfen, wie weit es möglich wäre, den Staat selbst das Monopol verwalten zu lassen. Die Mehrheit sprach sich in den einleitenden Bemerkungen dahin aus, daß der Monopolausschuß von 1921, der die Errichtung der A/S Vinmonopolet vorbereitet hatte, vor die gleiche Wahl gestellt gewesen sei und daß er sich seinerzeit darüber wie folgt geäußert habe:

„Hinsichtlich der Frage, wieweit der Staat selbst dieses Geschäft übernehmen und verwalten soll, glaubt das Komitee bestimmt von einer Regelung abraten zu müssen, die das Monopol zu einem Glied der allgemeinen öffentlichen Verwaltung machen würde. Ein Unternehmen kaufmännischer Art wie dieses eignet sich überhaupt nicht dazu, der allgemeinen öffentlichen Verwaltung einverleibt zu werden oder in den Formen oder nach den Grundsätzen geleitet zu werden, denen die Staatsverwaltung unterworfen ist. Wenn der Betrieb kaufmännisch geleitet und die bedeutenden ökonomischen Interessen, die hier auf dem Spiel stehen, gebührend berücksichtigt werden sollen, muß der Leitung eine größere Unabhängigkeit und Freiheit in ihren Dispositionen zugestanden werden, als dies in der Regel in der öffentlichen Verwaltung der Fall ist. Die Leitung muß selbstverständlich unter Verantwortung und Kontrolle arbeiten, aber sie darf in ihrer Handlungsfreiheit nicht mehr behindert sein als dies in privaten Gesellschaften der Fall ist, und das Unternehmen muß überhaupt nach denselben Prinzipien organisiert werden, die in Privatgesellschaften befolgt werden.

Das Komitee hat sich deshalb einstimmig entschlossen vorzuschlagen, daß das Monopol unter allen Umständen als eine von der öffentlichen Administration ganz unabhängige Einrichtung mit eigenem selbständigem ökonomischen Leben organisiert werden muß“.

Es zeigte sich bei den Verhandlungen im Storthing, daß jedenfalls die überwiegende Mehrheit der Storthingmitglieder diese Auffassung teilte. Später hat jedoch eine Mehrheit der Mitglieder des Komitees, das 1928 zur Prüfung der Tätigkeit der A/S Vinmonopolet eingesetzt wurde, sich dahin ausgesprochen, daß von einem privaten Monopol abzusehen und ein reines Staatsmonopol einzuführen sei, und sie begründet ihre Stellungnahme u. a. wie folgt:

„Die bisherige Ordnung, die auf einem in der Form halb staatlichen Monopol beruht, ist — wie genugsam aus der Kritik hervorgeht, die dieses Komitee üben mußte — nicht besonders günstig gewesen. Einem Monopol müssen klare Linien gegeben sein, aber bei der Mischform, die jetzt besteht und in der ein Einschlag von privatem Geschäftsbetrieb mit Monopolbetrieb unter staatlicher Kontrolle vereinigt werden soll, kommt man leicht zu Handelsformen, die mit der Tätigkeit eines öffentlichen Monopols nicht vereinbar sind. Für ein Staatsmonopol sind die Linien klarer vorgeschrieben, und dieses kann dabei trotzdem eine ganz kaufmännische Leitung haben."

Das Komitee von 1930 versuchte, zwischen diesen beiden entgegengesetzten Standpunkten, wie sie von der Mehrheit der Komiteen von 1921 bzw. 1928 vertreten wurden, derart zu vermitteln, daß der Form nach der private Betrieb aufrechtzuerhalten, in Wirklichkeit aber ein Staatsmonopol zu schaffen sei. Nach dem Vorschlag der Mehrheit sollen nämlich die Aktionäre der Gesellschaft überhaupt nicht den geringsten Einfluß auf Leitung und Betrieb der Gesellschaft haben, und da der Staat den Aktionären zu garantieren hat, daß die Gesellschaft eine jährliche Dividende von 5% ausbezahlt, und andererseits keine größere Dividende ausgeschüttet werden soll, so sind die Aktien tatsächlich nichts anderes als untilgbare Staatsschuldscheine. Außerdem soll der Staat nach dem Vorschlag der Komiteemajorität nicht nur den Aufsichtsrat ernennen, sondern zugleich einen Rat, der aus etwas größerem Abstand als der Aufsichtsrat die Geschäftsführung beobachten soll, und schließlich die Revisoren. Die Mehrheit geht sogar soweit, die Festsetzung der Honorare und Löhne für Direktion und Aufsichtsrat in die Hände des Storthings zu legen, und somit wird also der Staat, wie die Mehrheit zum Schluß hervorhebt, die Herrschaft über die Monopolgesellschaft und deren Tätigkeit besitzen „in dem Umfang, wie man es für gut befindet".

Die Minderheit der Kommission hegt die Auffassung, daß der Staat, wenn er sich doch das Recht vorbehalten will, in allen Punkten Anordnungen über die Tätigkeit der Gesellschaft zu treffen (allein abgesehen von den täglichen Geschäftsdispositionen), geradesogut auch den letzten Schritt tun und ein eigentliches Staatsmonopol gründen kann.

Das Storthing schloß sich der Komiteemehrheit an, und im Gesetz vom 19. Juni 1931 wurde bestimmt, daß die A/S Vinmonopolet ab 1. Juli 1932 das Alleinrecht zur Einfuhr von Spiritus, Wein und Bier sowie zum Großhandel mit Spiritus und Wein haben solle gemäß den im Gesetz näher angegebenen Bedingungen, die sich im wesentlichen mit denen decken, die die Komiteemehrheit aufgestellt hatte. Dagegen hielt das Storthing es für das richtigste, einige Zeit mit der Durchführung eines Vorschlages zu warten, der darauf hinausging, den Kleinverkauf der Trinkwaren, die von der A/S Vinmonopolet vertrieben werden, zu konzentrieren. Vorläufig können daher die lokalen Monopolbetriebe, denen im Sinne des schwedischen Gotenburger-System der Detailverkauf von Branntwein und zum Teil auch von Wein übertragen ist, ihre Tätigkeit auf jeden Fall noch sechs Jahre fortsetzen, aber den Gemeinden, in denen solche Gesellschaften tätig sind, ist die Möglichkeit gegeben worden, lokale Kontrollräte zu ernennen, die mit sozialen Rücksichten vor Augen die Arbeit der lokalen Monopolgesellschaften überwachen. Früher oder später wird jedoch wahrscheinlich auch der ganze Kleinverkauf der A/S Vinmonopolet übertragen werden, da die jetzige Verkaufsorganisation unnötig kompliziert ist. Sie wurzelt indessen in der älteren Gesetzgebung über den Ausschank und Verkauf alkoholischer Getränke, und da die norwegische Bevölkerung überlieferungsgemäß großen Wert auf die kommunale Selbstverwaltung legt, hat es sich bisher als schwierig erwiesen, eine vollständig rationelle Ordnung des Kleinverkaufs durchzuführen.

Es kann mit Recht befürchtet werden, daß die Vorteile, die ein privater Monopolbetrieb bietet, bei der neuen Regelung, die jetzt in Kraft getreten ist, zum großen Teil verloren gehen, falls der Staat praktisch die Oberleitung übernimmt und in allen Punkten dem Monopol Zaum und Zügel auflegt. Dieser Versuch, ein Kompromiß zwischen den Anhängern eines reinen Staatsmonopols und denen eines Staatsmonopols in privatem Betrieb zustandezubringen, birgt die Gefahr der Unklarheit und Unsicherheit in Bezug auf Zuständigkeit und Verantwortung und muß deshalb als ein wenig glückliches Resultat der Verhandlung über eine neue Monopolordnung bezeichnet werden. Mit Recht wurde von den Gegnern der Staatsmonopolidee hervorgehoben, daß gerade der Handel mit alkoholischen Getränken große Schwierigkeiten bereitet, weil es sich hier um höchst ungleichartige Waren und um stark wechselnde Herstellungs- und Verkaufsverhältnisse dreht. Der Spiritushandel eignet sich viel weniger als die meisten anderen Wirtschaftszweige für ein Staatsmonopol. Wenn der Staat auf diesem Gebiet als Kaufmann auftritt, steht er den zoll- und handelspolitischen Forderungen des Auslandes nicht so frei gegenüber als bisher. Der Aufmerksamkeit der fremden Mächte kann es nicht entgehen, daß das neue System zwar die Form eines privaten Monopols bewahrt, aber in Wirklichkeit ein Staatsmonopol in Verkleidung einer Monopolgesellschaft ist, und der Staat wird deshalb bei dieser oder jener Gelegenheit einem Druck von außen ausgesetzt sein, geradeso wie dies der Fall wäre, wenn er selber Handel mit Spirituosen und Wein treibt. Bei Konflikten in Arbeitsfragen wird die Lage ebenso sein, weil die Arbeiter voraussichtlich geltend machen werden, daß ihre Gegenpartei nicht die private Monopolgesellschaft sondern der Staat ist. Außerdem begibt sich der Staat der Vorteile, die zu erwarten sind, wenn das Monopol nach rein kaufmännischen Grundsätzen zu arbeiten vermag und wenn es sich zwar seiner gesetzmäßigen Verantwortung in bezug auf die zu erzielenden Jahresresultate bewußt ist, aber seine Maßnahmen, hierunter auch die Ernennung und Entlassung seiner leitenden Persönlichkeiten und die Festsetzung ihrer Gehälter, ohne Regierungskontrolle treffen kann.

Schließlich wird auch das Verhältnis zu den Verbrauchern einem Staatsmonopol weit größere Schwierigkeiten bereiten als einem privaten Monopolbetrieb. Ein Staatsmonopol ist in der Bevölkerung nur selten populär. Es ist beispielsweise bekannt, daß die öffentlichen Verkehrsmittel immer der Kritik ausgesetzt sind. Diese wirkt wiederum auf die gesetzgebenden Körperschaften oder die Gemeinderäte zurück und veranlaßt sie, Beschlüsse über Betriebseinrichtungen, Taxen u. dgl. zu fassen, die mit gesunder Wirtschaft nicht zu vereinbaren sind.

Ein großer Teil der Kritik entspringt der mangelnden Fachkenntnis des Publikums über die Prinzipien, die für den Betrieb von Eisenbahnen, Straßenbahnen usw. zu gelten haben. Wenn der Staat nicht selbst der Unternehmer dieser Betriebe ist, steht er der Kritik vorurteilsloser gegenüber. In vielen Fällen käme die Kritik dann vielleicht überhaupt nicht zu Wort, weil private Monopolgesellschaften nicht für ein so dankbares und verwundbares Objekt der Kritik angesehen werden oder weil sie nicht im selben Grade zur Kritik herausfordern.

Alles in allem sind es also in erster Linie politische und praktische Gesichtspunkte, die den Privatmonopolen vor den Staatsmonopolen den Vorrang geben. Die Vorteile, die mit dem privaten Betrieb verbunden sind, und umgekehrt die Mängel, die dem Staatsbetrieb anhaften, haben sich auch als so einleuchtend erwiesen, daß die Entwicklung in den meisten Ländern jetzt die Tendenz zeigt, in immer steigendem Grade konzessionierten und monopolisierten Gesellschaften die Verwaltung der Verkehrsmonopole, Produktionsmonopole, Handelsmonopole und anderer Monopole zu übertragen (außerhalb dieses Spezialgebiets z. B. in Schweden die A/B Svenska Tobaksmonopolet und die Straßenbahnen in Stockholm, in Deutschland die großen Berliner elektrischen Bahn- und Omnibus-Gesellschaften). Diesen Formen von monopolisiertem Betrieb sind gewisse Vereinbarungen zwischen der Gesellschaft und der Regierung (oder dem Gemeinderat) gemeinsam, die sich darauf beziehen, daß der jährliche Überschuß auf näher angegebene Art verwendet werden soll und daß dem Staat (bzw. der Gemeinde) das Recht zusteht, seine Interessen an dem Betrieb entweder durch Einstellung von Vertretern in die Leitung oder nur durch Übernahme der Aktienmajorität sicherzustellen (und kraft dieser seinen Einfluß geltend zu machen). Im übrigen arbeitet die Gesellschaft wie jede andere Aktiengesellschaft. Aufsichtsrat und Direktion können ihre Maßnahmen unabhängig von den Behörden treffen, soweit sie sich an die Bestimmungen ihrer Konzession oder ihres Vertrags halten. Dadurch wird das private Monopol zum Vorteil des Staats und der Verbraucher in den Stand gesetzt, sich auf allen Gebieten den schwankenden äußeren Verhältnissen schnell anzupassen (Konjunkturbewegungen, Konkurrenz seitens verwandter Betriebe, Änderungen der Mode und des Geschmacks usw.), wo ein Staatsmonopol zweifelsohne in zahllosen Verhandlungen mit Regierung und Reichstag, in Berichten, Anträgen und umständlicher Büroarbeit stecken bleiben würde.

Als der Verkauf alkoholischer Getränke in Finnland nach Aufhebung des Totalverbots organisiert werden sollte, erkannte die Regierung es daher auch für richtig an, zunächst das Staatsmonopol der Verbotszeit durch eine Monopolgesellschaft abzulösen und danach dieser eine weit freiere Stellung einzuräumen, als die entsprechenden Monopolgesellschaften in Norwegen und Schweden haben. Das Gesetz gibt dem „Verwaltungsrat“, der gegenüber der Direktion (bzw. dem Aufsichtsrat) der Gesellschaft den Staat repräsentiert und dessen Mitglieder alle von der Regierung (dem Staatsrat) gewählt werden, eine sehr bedeutende Macht. Der Verwaltungsrat hat zunächst die Direktion zu wählen, die aus mindestens drei und höchstens fünf Mitgliedern besteht, und ferner hat er auch den Geschäftsleiter (und eventuell die Vizedirektoren) zu ernennen, der von der Direktion in Vorschlag gebracht wird.

Danach liegt es dem Verwaltungsrat ob, die allgemeine Aufsicht über die Tätigkeit der Gesellschaft zu führen und hierfür die Richtungslinien festzulegen, das Budget der Gesellschaft aufzustellen, Beschlüsse über eine eventuelle Erhöhung des Aktienkapitals zu fassen, den Kauf, Verkauf und die Beleihung von Immobilien, Neubauten und Ausbauten der Fabrikanlagen u. ä. zu überwachen, der Regierung (dem Staatsrat) jährlich einen Bericht über die finanzielle Stellung der Gesellschaft vorzulegen, zu bestimmen, wo und in welchem Umfang der Ausschank alkoholischer Getränke und der Handel mit diesen vor sich zu gehen hat, und schließlich die Preise für die alkoholischen Getränke sowohl für den Detailhandel als auch für den Ausschank festzusetzen.

In ihrem Verhältnis zum Staat hat die Gesellschaft ausschließlich mit der Regierung zu tun. Sie braucht unter keinen Umständen an den Reichstag heranzutreten, der nur indirekt durch Interpellationen und Anfragen an die Regierung einzugreifen vermag, falls er den Eindruck gewinnt, daß die Gesellschaft unverantwortlich oder ungünstig disponiert hat. Im täglichen Betrieb ist der Verwaltungsrat der Garant der öffentlichen Interessen, und somit kann die Gesellschaft alles in allem unter ähnlichen Bedingungen arbeiten wie ein großes Privatunternehmen, vorausgesetzt daß die Direktion sich an die Vorschriften hält, die der Verwaltungsrat erteilt, und im übrigen genau nach den Gesichtspunkten handelt, die die Grundlage der gesamten Alkoholregelung bilden und die im § 5 des Gesetzes enthalten sind, worin es heißt: „Der Verkehr mit Alkohol soll so festgelegt werden, daß gleichlaufend mit einer Verhinderung ungesetzlichen Verkehrs mit Alkohol der Genuß alkoholischer Getränke auf ein Mindestmaß eingeschränkt und der Trinkerei mit deren verderblichen Wirkungen vorgebeugt wird“.

Nachstehend ist zur Ergänzung der Darstellung eine Übersicht über die Einzelheiten der neuen finnischen Alkoholordnung gegeben, die in diesem Zusammenhang sicher am meisten interessiert.

Anhang.

Die neue finnische Alkoholordnung.

Hauptzüge des Gesetzes vom 9. Februar 1932 über den Ausschank und Verkauf alkoholhaltiger Getränke und der Gesetze vom 12. Februar 1932 über eine inländische Verbrauchsabgabe auf Spiritus und Fruchtweine, eine inländische Verbrauchsabgabe auf Bier und Zollabgaben auf alkoholische Getränke.

Das Ziel des Gesetzes ist, den Alkoholverkauf so zu ordnen, daß der Verbrauch von alkoholischen Getränken so stark wie nur möglich beschränkt wird und daß der Schleichhandel verhindert wird. Um dieses Ziel zu erreichen, gibt das Gesetz einem monopolisierten Unternehmen, das als Aktiengesellschaft zu organisieren ist, das Alleinrecht, nicht nur auf die Erzeugung und Einfuhr sämtlicher alkoholischer Getränke, sondern auch auf den Groß- und Kleinhandel mit diesen Getränken. Unter der Bezeichnung „alkoholische Getränke" versteht das Gesetz alle Getränke, die mehr als 2,25 Gewichtsprozent Äthylalkohol enthalten und nicht denaturiert sind. Ungeachtet des Alleinrechts der Gesellschaft sollen jedoch Vertreter fremder Mächte, die zollfrei Waren einführen können, das Recht haben, alkoholhaltige Getränke aus dem Auslande für eigene Verwendung zu importieren, ebenso wie Vertreter ausländischer Fabrikanten und Verkäufer solcher Getränke Proben (höchstens 5 Liter in Flaschen von je mindestens 2 Deziliter Fassungsvermögen) einführen und gewöhnliche Reisende höchstens 1 Liter Spirituosen und 2 Liter Bier und Wein mitführen können (siehe den Staatsratbeschluß vom 23. März 1932).

Die Aktienmajorität ist im Besitze des Staates, und der Staat ernennt einen Verwaltungsrat, bestehend aus 7 Mitgliedern und 3 Suppleanten. Der Verwaltungsrat ernennt sowohl die Mitglieder des Aufsichtsrates als auch den geschäftsführenden Direktor (und eventuelle Vizedirektoren).

An die Aktionäre können höchstens 7% jährliche Dividende ausgeschüttet werden. Nach Überführung näher festzusetzender Beträge zu den Reserven verwendet der Staat den Rest des Gewinns wie folgt: 35% zur Förderung der Mäßigkeit, Bekämpfung des ungesetzlichen Verkehrs mit alkoholischen Getränken, Heilung von Trinkern und zur öffentlichen Alters- und Invalidenversicherung, 35% zur Bestreitung gewöhnlicher Staatsausgaben und 30% zur Verteilung entsprechend der Bevölkerungsziffer an diejenigen Gemeinden, in welchen ein Ausschank und Verkauf alkoholischer Getränke nicht stattfindet. Während des Übergangs fällt der Restgewinn in den Jahren 1932 und 1933 ungeschmälert an den Staat.

Die Bestimmung, daß nur die Gemeinden, in denen ein Verkauf alkoholischer Getränke nicht stattfindet, bei der Verteilung des letzterwähnten Prozentsatzes des an den Staat entfallenden Gewinnanteils berücksichtigt werden, enthält scheinbar ein recht weitgehendes Zugeständnis an die Enthaltsamkeitsbewegung, erstrebt aber wohl in Wirklichkeit, diese Gemeinden mit den anderen auf gleichen Fuß zu stellen, die indirekt eine Einnahme aus dem Verkauf alkoholischer Getränke erzielen, indem die Monopolgesellschaft ja verpflichtet ist, genau so wie andere Aktiengesellschaften Gemeindesteuer und Kirchensteuer zu bezahlen.

Dadurch, daß das Gesetz in den ersten Jahren dem Staate den Restgewinn zuweist, weckt es unvermeidlich beim Staate den Wunsch, auch fernerhin über diese Einnahme verfügen zu können, was vielleicht dazu führt, daß die Regierung einen Vorschlag zur Änderung der Verteilungsbestimmungen einbringt.

Übrigens wird nur eine Minderzahl der Gemeinden des Landes darauf Einfluß haben, inwiefern und in welchem Umfange der Ausschank und Verkauf alkoholischer Getränke stattfinden darf. In allen Städten und Flecken kann die Monopolgesellschaft unabhängig von den von der Bevölkerung gewählten Gemeinderäten alkoholische Getränke verkaufen und Gastwirten das Recht zum Ausschank dieser Getränke erteilen. Den Gemeinderäten soll es indessen gestattet sein, sich zu den Plänen der Monopolgesellschaft hinsichtlich der Anzahl und Lage von Verkaufslokalen bzw. Ausschankstätten etc. zu äußern.

Auf dem Lande kann der oberste Vertreter der Staatsgewalt in dem Lehnsbezirk (Departement), in welchem die betr. Gemeinde gelegen ist, der Landeshauptmann, Touristenhotels gestatten, an die Hotelgäste sowie in Verbindung mit Mahlzeiten auch an andere Personen (auch hier soll jedoch dem betr. Gemeinderat Gelegenheit gegeben werden, sich zu äußern) alkoholische Getränke auszuschenken. Im übrigen kann auf dem Lande der Verkauf alkoholischer Getränke nur in der Form des Ausschanks in erstklassigen Restaurants an solchen Plätzen erfolgen, die als „große Bevölkerungszentren" bezeichnet werden können. Die Erlaubnis zu diesem Ausschank ist auch vom obersten Vertreter der Staatsgewalt im Lehnsbezirk zu erteilen, aber in diesem Falle kann er die Erlaubnis nur geben, wenn der Gemeinderat mit mindestens Zwei-Drittel-Mehrheit hierzu seine Zustimmung erklärt. Danach wird die Frage, inwiefern eine Gemeinde den Ausschank gestatten und dadurch ihren Anteil am Gewinn der Monopolgesellschaft verlieren soll, nur in solchen Landgemeinden auftreten können, wo sich „große Bevölkerungszentren" befinden.

Über den Schankstättenbetrieb führt der oberste Vertreter des Staates im Lehnsbezirk (der Landeshauptmann) eine gewisse Aufsicht, und er kann dagegen Einspruch erheben, daß ein bestimmter Gastwirt von der Monopolgesellschaft das Recht erhält, alkoholische Getränke auszuschenken. Die Monopolgesellschaft ist auch verpflichtet, seine Ansicht zu hören, wie weit die Schankerlaubnis an ein gegebenes Restaurant zu knüpfen oder einem anderen Inhaber des gleichen Restaurants zu überlassen ist (siehe Verordnung vom 23. März 1932 über die Durchführung des Gesetzes vom 9. Februar 1932).

Schließlich kann die Regierung ohne Rücksicht auf die örtlichen Verhältnisse direkt die Erlaubnis zum Ausschank von Bier und Wein (jedoch nicht Spirituosen) in den Speisewagen der Eisenbahn und in Schiffsrestaurants erteilen. In beiden Fällen dürfen alkoholische Getränke jedoch nur solchen Fahrgästen serviert werden, die eine Mahlzeit einnehmen.

In den großen Städten hat die Monopolgesellschaft nach Rücksprache mit den kommunalen Behörden eine größere Anzahl Verkaufsstellen errichtet, und in der Regel mehr Verkaufsstellen für Bier (und je nach den Umständen auch für Wein) als für Spirituosen. Das Schankrecht steht nach dem Gesetz nur solchen Gaststätten zu, die sowohl Speisen als auch Getränke verabreichen, und da der Ausschank auf diese Weise nicht in Cafés erfolgen kann, wird die Anzahl der Schankstätten kaum groß werden.

Aus praktischen Gründen wird die Monopolgesellschaft

möglicherweise den Brauereien gestatten, nach einer in den Verkaufsstellen der Gesellschaft beglaubigten Anforderungsliste Bier direkt zu den Verbrauchern zu bringen.

Die Preise sämtlicher alkoholischer Getränke werden vom Verwaltungsrat der Monopolgesellschaft festgesetzt, der auch die Bedingungen, unter welchen private Gastwirte das Recht zum Ausschank alkoholischer Getränke erhalten können, näher bestimmt. Ein solches Recht kann höchsten für drei Jahre auf einmal erteilt werden, und es kann entweder alle alkoholischen Getränke oder auch nur einige davon umfassen. Da die Gesetzgeber gewünscht haben, daß der Verkauf alkoholischer Getränke soweit wie möglich ohne wirtschaftlichen Nutzen für Private erfolgen soll, sollen die Ausschankpreise der Restaurateure vom Verwaltungsrat festgelegt werden, der jedoch in die Preise eine „angemessene Vergütung" für die Mühewaltung des Restaurateurs beim Ausschank einzuschließen hat. Nach der zuerst veröffentlichten Preisliste zu urteilen, beträgt der Nutzen der Restaurateure bei den größeren Restaurants 60% der Monopol-Kleinhandelspreise auf Weine und ausländische Spirituosen (und liegt wesentlich höher auf Branntwein und Aquavit).

Die Erzeugung alkoholischer Getränke wird von der Monopolgesellschaft selbst betrieben, sofern sie nicht von der ihr vom Gesetz erteilten Befugnis Gebrauch macht, Lieferungsverträge über alkoholische Getränke mit privaten Unternehmen abzuschließen (die dann die hergestellten Mengen nur an die Monopolgesellschaft verkaufen dürfen). Es ist wahrscheinlich von der Gesellschaft beabsichtigt, selbst Spiritus für Trinkzwecke (Branntwein und Aquavit) und möglicherweise auch für technische, medizinische und ähnliche Verwendung herzustellen und auf jeden Fall Rohspiritus zu rektifizieren, dagegen die Brauereien in privatem Betrieb zu belassen. Die Monopolgesellschaft darf nicht anderen das Recht zur Einfuhr alkoholischer Getränke geben. Die Bestimmung über die Herstellung bedeutet kein Hindernis für die Bereitung von Fruchtwein und Bier im Hause für die Verwendung im Haushalt. Eine solche Herstellung wird auch nicht besteuert.

Die Herstellung alkoholhaltiger Präparate für andere als Trinkzwecke (mit mehr als 2,25 Gewichtsprozent Alkohol) kann von der Gesellschaft oder mit Genehmigung des Sozialministeriums von anderen ausgeübt werden, und der Verkauf solcher Erzeugnisse darf nur an Gewerbetreibende (zur Verwendung bei der Fabrikation oder Behandlung anderer Waren) stattfinden. Eine Ausnahme bilden jedoch alkoholhaltige Arzneien, die von Apothekern hergestellt werden dürfen. Andere alkoholhaltige Präparate als alkoholhaltige Arzneien können mit Genehmigung des Sozialministeriums unbegrenzt verkauft werden, wenn sie in kleinen, fertig gefüllten Flaschen angeboten werden und der Preis im Verhältnis zum Alkoholgehalt der Ware so hoch ist, daß kein Grund zu der Annahme vorliegt, daß die Ware als Rauschmittel Verwendung finden wird (Verordnung vom 23. März 1932).

Reiner Spiritus kann von der Monopolgesellschaft an Apotheken samt Krankenhäuser, Laboratorien und Lehranstalten sowie ferner an die zur Herstellung alkoholischer Getränke (z. B. Liköre) oder alkoholhaltiger Präparate (siehe vorstehend) Befugten und schließlich an Gewerbetreibende verkauft werden, die zum Einkauf von Spiritus für Verwendung in der Fabrikation Erlaubnis bekommen. Auf Grund des Gesetzes vom 9. Februar 1932 ist durch die Verordnung vom 23. März 1932 angegeben, wie große Mengen Alkohol in Getränken inländischer Erzeugung enthalten sein dürfen: in gewöhnlichem gereinigtem Branntwein höchstens 32 Gewichtsprozent Alkohol, gewürztem Branntwein höchstens 36, verschnittenem Kognak, Rum oder Arrak 34, Punsch 21, Likören 21 bis 34, mittelstarken Bieren 3,2, starken Bieren 4,5 und Porter 6 Gewichtsprozent Alkohol.

Das Grundelement in der Besteuerung von Spiritus für Trinkzwecke ist eine Abgabe von 0,30 FM pro Gewichtsprozent Alkohol. Das bedeutet in der Praxis, daß sich die Steuer auf 30 FM pro kg reinen Alkohol belaufen wird. Pro ganze Flasche Branntwein normaler Verkaufsstärke macht die Steuer demnach kaum 8 FM aus. Wahrscheinlich hat die Regierung es für das klügste gehalten, jedenfalls in der ersten Zeit nach Aufhebung des Verbots die Steuer niedrig zu halten, um dadurch imstande zu sein, den Spritschmuggel so schnell wie möglich durch billigere Preise zu erdrücken. Zum Vergleich sei angeführt, daß die schwedische Spiritusbesteuerung nach einer kürzlich vorgenommenen Erhöhung ca. Kr. 2,50 bis 3,00 pro Liter für die gewöhnlichen Branntweinsorten beträgt. Die norwegische Steuer liegt wesentlich höher, und die dänische, die höher liegt als die der meisten Länder, beträgt Kr. 17,60 pro Liter reinen Alkohol für Spiritus inländischer Herkunft.

Auf dem Gebiete der Bierbesteuerung ist die Regierung weniger schonend vorgegangen. Es wird eine Grenze gezogen zwischen Biersorten mit höchstens 2,25 Gewichtsprozent auf der einen Seite und andererseits stärkeren Biersorten. In der ersten Gruppe sind Biere, die mit höchstens 5% Extrakt (Balling) eingebraut sind und höchstens 1,4 Gewichtsprozent Alkohol enthalten, steuerfrei. Die übrigen alkoholschwachen Biere werden mit 1 FM pro Liter besteuert (Steuerklasse I). Diejenigen Biere, die mehr als 2,25 Gewichtsprozent Alkohol enthalten, sind wieder in zwei Abgabenklassen geteilt. Enthalten sie mehr als 2,25, aber nicht über 3,2 Gewichtsprozent Alkohol (Steuerklasse II), macht die Steuer 2 FM pro Liter, sonst 3 FM pro Liter (Steuerklasse III) aus. Der niedrigste dieser drei Steuersätze ist höher als der entsprechende dänische, der Kr. 5,70 pro Hektoliter beträgt (ca. 48,50 FM), während die beiden anderen niedriger sind als die dänischen.

Für Weine werden folgende Zollsätze eingeführt:

Weine in Fässern, mit höchstens 15 Volumenprozent Alkohol	10 FM pro kg
Weine in Fässern, mit höherem Alkoholgehalt	15 FM pro kg
Weine in Flaschen, moussierend	35 FM pro kg
Weine in Flaschen, nicht moussierend, mit höchstens 15 Volumenprozent Alkohol	15 FM pro kg
Weine in Flaschen, nicht moussierend, mit mehr als 15 Volumenprozent Alkohol	20 FM pro kg

Weine, deren Alkoholgehalt 22 Volumenprozent übersteigt, werden wie Spirituosen verzollt.

Aus agrarpolitischen Gründen liegt die Steuer auf Fruchtweine (die als Accise bezeichnet wird und im Gesetz über die Spiritussteuer festgesetzt ist) wesentlich niedriger als der Weinzoll. Sie beträgt 4 FM pro Liter für Weine, bei deren Zubereitung Beeren, Früchte und andere Pflanzenteile inländischer Herkunft verwendet wurden, und 8 FM pro Liter für andere Fruchtweine. Wegen der Erzeugung von Fruchtwein im Hause zur Verwendung im eigenen Haushalt siehe vorstehend.

Auf Spirituosen werden folgende Zollsätze erhoben:

Arrak, Kognak, Rum und Whisky	
A) in Fässern	20 FM pro kg
B) in Flaschen	25 FM pro Liter
Andere Arten von Spirituosen	
A) in Fässern	5 FM pro kg
B) in Flaschen	10 FM pro Liter

Eine Sonderstellung nehmen Liköre ein, die ohne Rücksicht auf den Alkoholgehalt mit 25 FM pro Liter verzollt werden.

Man hat der inländischen Spiritusindustrie auch einen passenden Schutz gewährt, aber die Zollsätze für Spiritus müssen dennoch als moderat bezeichnet werden. Es ist wohl fraglich, ob der Gewinn des Monopols im ersten Jahre angesichts der großen Startkosten bedeutend werden wird, und das Monopol muß auch im Einklang mit der staatlichen Steuerpolitik vorläufig recht mäßige Preise halten, um dadurch dem Schleichhandel den Wettbewerb mit dem gesetzlichen Handel zu erschweren.

Druck von Ferdinand Berger in Horn.

FSC
www.fsc.org
MIX
Papier | Fördert
gute Waldnutzung
FSC® C083411

Kolibri 360 GmbH
Ferdinand-Jühlke-Straße 7
99095 Erfurt, Deutschland
produktsicherheit@kolibri360.de